DAMPFGAREN
vegetarisch

DAMPFGAREN
vegetarisch

Susanne Kuttnig-Urbanz
Friedrich Pinteritsch

Schnell · Gesund · Köstlich

Auch mit veganen Rezepten!

Fotografiert von Gabriela & Günter Jost

pichler verlag

IMPRESSUM

ISBN: 978-3-85431-657-2

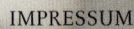

© 2014 by *Pichler Verlag* in der
Verlagsgruppe Styria GmbH & Co KG
Wien - Graz - Klagenfurt
Alle Rechte vorbehalten

Bücher aus der Verlagsgruppe Styria gibt es
in jeder Buchhandlung und im Online-Shop
styriabooks.at

Lektorat: Nicole Richter
Cover- und Buchgestaltung:
2 LIONS DESIGN [Carolina Santana]
Druck und Bindung:
Druckerei Theiss GmbH, St. Stefan im Lavanttal

7 6 5 4 3 2

Inhalt

Gut zu wissen

Vorheizen des Geräts: Achten Sie darauf, den Dampfgarer – wie ein Backrohr auch – vorzuheizen!
Für das vorliegende Buch arbeiteten wir mit dem Dampfgarer von Miele. Alle unsere Zeitangaben basieren auf diesem vorgeheizten Gerät. Im Vergleich zu anderen Dampfgarern ergeben sich nur geringe Schwankungsbreiten von +/- 1 bis 2 Minuten. Lediglich bei Tischgeräten dauert das Garen mitunter etwas länger.

Zudecken des Gargutes: Prinzipiell muss im Dampfgarer nichts zugedeckt werden. Es umschließt einzig und allein Wasserdampf die Speisen, weshalb auch nichts zerstört werden kann. Unsererseits gibt es in manchen Rezepturen die Empfehlung zum Zudecken, allerdings nur dann, wenn die Zutaten nicht nass werden dürfen.

Zubereitung von Gemüse: Unterschiedliches Gemüse hat unterschiedliche Garzeiten. Geben Sie bei Rezepten mit mehreren Gemüsesorten diese je nach Beschaffenheit in den Dampfgarer: Sorten mit längerer Garzeit kommen zuerst in den Dampfgarer, jene mit kürzerer entsprechend später.

Bd. = Bund
DG = Dampfgarer
EL = Esslöffel
g = Gramm
l = Liter
ml = Milliliter
Msp. = Messerspitze
Pkg. = Packung
TK = Tiefkühlprodukt
TL = Teelöffel

Brettljause = ländlich-deftige Brotzeit
Bröseltopfen = trockener, „bröseliger" Topfen
Dariolform = kleine konische Auflaufform
Dörrzwetschken = Backpflaumen
Eierschwammerl = Pfifferling
Germ = Hefe
Karfiol = Blumenkohl
Knödel = Kloß/Klöße

Kohlrabi = Kohlrübe
Marille = Aprikose
Polenta = Maisgrießbrei, Maisgrieß
Sauerrahm = saure Sahne
Schlagobers = Schlagsahne
Semmelbrösel = Paniermehl
Staubzucker = Puderzucker
Topfen = Quark

BIO-ZITRONEN UND BIO-ORANGEN
Nur die Schale von biologisch angebauten Zitronen und Orangen lässt sich unbedenklich verzehren. Vor Verwendung Zitronen und Orangen heiß abwaschen und die Schale am besten mithilfe eines Zestenreißers abziehen.

BIO-KARTOFFELN
Wir empfehlen biologisch angebaute Kartoffeln, weil diese (gut gesäubert) ungeschält verwendbar sind.

GLUTENMEHL
Glutenmehl ist reines Klebereiweiß (Stärke) aus Weizen, Gerste oder Roggen und im Reformhaus oder Drogeriemarkt erhältlich. Glutenmehl erhöht die Festigkeit von Teigen und Füllungen und wird auch zur Herstellung von Seitan verwendet.
Achtung: Glutenmehl ist für Zöliakiekranke nicht geeignet.

KRÄUTER
Wir haben die Menge bei getrockneten Kräutern in „Teelöffeln" (TL) angegeben. Sollten Sie mehr oder weniger intensiven Kräutergeschmack bevorzugen, dosieren Sie nach Belieben. Bei Verwendung frischer Kräuter haben wir die Menge zum Teil in Esslöffeln bzw. als „Bund" vermerkt.

SALZ
Wir verwenden bei unseren Rezepten ausschließlich Meersalz und geben in manchen Rezepturen die Dosierung in „Teelöffeln" an. Ist keine Dosierung vermerkt, bitte nach Geschmack salzen.

ÖLE
Wir verwenden kalt gepresste Öle. Achten Sie bei solchen immer auf die Hitzebeständigkeit! Olivenöl ist in nativer Form bedenkenlos zu verwenden.

PFEFFER
Pfeffer verwenden wir immer direkt aus der Mühle! Die Pfeffermenge überlassen wir Ihrem persönlichen Geschmack.

Die Rezeptzutaten sind für 4 Personen berechnet, außer wenn anders angegeben!

Dampfgaren und Vegetarismus bzw. Veganismus sind wie füreinander geschaffen. Es ist „modern" geworden, den Fleischkonsum wieder zu mäßigen, was nicht nur Körper und Geist, sondern auch unserer Umwelt zugute kommt. Nach den erfolgreichen drei Vorgängerbüchern, die sich bereits intensiv mit der Gemüseküche beschäftigten, war es für uns naheliegend, nun ein Werk für Vegetarier, Veganer oder auch Teilzeitvegetarier zu schaffen. Für uns „Allesesser" ist der Zugang jener, vegetarische bzw. vegane Hauptgerichte so zu kredenzen, dass selbst Fleischesser schwach werden.

Unserer Philosophie, vorwiegend biologische Produkte zu verwenden, sind wir nach wie vor treu geblieben. Und wie wichtig es ist, heimische Lebensmittel zu verwenden, zeigte sich auch während der Arbeit zu diesem Buch. Der wiederholte Besuch auf dem Markt brachte nicht nur neue Ideen mit sich, sondern ebenso Tipps und Anregungen vonseiten der bäuerlichen Anbieter hinsichtlich Lagerhaltung, Verwendbarkeit und Zubereitung ihrer Produkte. Aus einer netten Zufallsbegegnung entstand ein Naheverhältnis. Nicht nur zu den Bauern, nein, auch zu den Lebensmitteln! So, dass Fleisch in unserem Leben plötzlich eine Nebenrolle spielte.

Diese Erkenntnis war aufregend und anregend zugleich, denn die Geschmacksnerven spielten ein bisschen verrückt, bekamen sie doch das Gewohnte nicht mehr täglich geliefert. Besonders gut an den vegetarischen Rezepten gefiel uns die Möglichkeit, durch Gewürze die Geschmacksrichtung eines Gerichtes in unglaublich fantasievoller Weise zu variieren. Selbst Gemüse, das wir zu kennen glaubten, nahm so ganz andere Dimensionen an und verzückte unsere Gaumen. Wir sind zu der Meinung gekommen, dass Gemüse mehr Aufmerksamkeit geschenkt gehört – und deshalb gibt es jetzt dieses Buch. Probieren Sie Neues,

wagen Sie sich an Kreationen, die Sie nur im Zusammenhang mit Fleisch kannten, und vor allem überraschen Sie Nichtvegetarier! Die Schlichtheit der Zutaten führt zu erstaunlichen Ergebnissen.

Wir würden uns freuen, Sie mit dem Buch unterm Arm beim „bewussten" Einkaufen anzutreffen. Und wir wünschen uns, viele Menschen dazu anzuregen, durch einen geringeren Fleischkonsum Tieren wieder „mehr Leben" zu schenken.

Viel Freude beim Nachkochen und beim Genießen der etwas anderen Art!

Susanne Kuttnig-Urbanz und *Fritz Pinteritsch*

WARUM VEGETARISCH ESSEN?

Die Gründe für vegetarische Ernährung, also ohne Fleisch- und Fischverzehr, sind je nach Person und Kulturkreis unterschiedlich. Meist sind es ethische, gesundheitliche, ökologische oder auch wirtschaftliche Überlegungen, welche ausschlaggebend für diese Ernährungsform sind. Vegetarier wollen prinzipiell nicht, dass ihretwegen Tiere getötet werden und sind gegen jede Form der Massentierhaltung. Das stärkste Einzelmotiv ist aber der Wunsch nach einer gesünderen Ernährungsweise.

Vegetarier bringen grundsätzlich eine gewisses Maß an Neugierde und Wissen über Ernährung mit, sie leben insgesamt bewusster und gesünder – sie rauchen weniger, genießen seltener Alkohol und achten deutlich mehr auf ausreichend Bewegung.

Studien haben gezeigt, dass Vegetarier seltener an den typischen Zivilisationskrankheiten leiden und eine bedeutend höhere Lebenserwartung haben als die Gesamtbevölkerung. Vegetarier haben erwiesenermaßen weniger Übergewicht, weniger Herz-Kreislaufbeschwerden, niedrigere Blutdruckwerte und die Krebserkrankungsrate ist geringer.

Immer mehr Menschen entscheiden sich aber auch für eine vegetarisch orientierte Ernährung, obwohl sie keine strengen Vegetarier sind. Diese sogenannten Flexitarier legen Wert auf eine gesunde „Mischkost", die aber durchaus den Genuss von Fleisch und Fisch mit einschließt.

Welche Vegetariertypen gibt es?

OVO-LAKTO-VEGETARIER

… verzichten auf Fleisch und Fisch, essen aber Milchprodukte und Eier.

OVO-VEGETARIER

… verzichten auf Fleisch und Fisch und verzichten meist aus Gründen einer Laktoseunverträglichkeit auf Milchprodukte, essen aber Eier.

LAKTO-VEGETARIER

… verzichten auf Fleisch, Fisch und Eier, verzehren aber Milchprodukte.

VEGANER

… verzichten auf sämtliche Lebensmittel vom Tier und auch auf Tiererzeugnisse. Das bedeutet, sie verzichten auf Fleisch, Fisch, Milchprodukte und Eier sowie auf das Tragen von Lederprodukten, Wolle und dergleichen.

Da Vegetarier auf Nährstoffe aus Fleisch und Fisch und Veganer überhaupt auf tierische Lebensmittel verzichten, müssen eventuelle Mangelerscheinungen kompensiert werden. Die geringe Aufnahme von gesättigten Fettsäuren, also tierischen Fetten, und dadurch Cholesterin, ist aber auch von großem Vorteil, siehe oben.

Als Vegetarier und Veganer sollten Sie daher auf eine ausreichende Zufuhr folgender Nährstoffe achten:

Vitamin B12
Ist ausreichend in Milch, Milchprodukten und Eiern enthalten. Bei Ovo-Vegetariern und Veganern kann hier ein Defizit entstehen. Deshalb genug vergorene pflanzliche Lebensmittel zu sich nehmen, wie z. B. Sauerkraut.

Protein
Ist ausreichend in Getreide, Hülsenfrüchten, Kartoffeln und Mais, aber auch in Sojaprodukten wie Tofu enthalten.

Eisen
Ist ebenso in Getreidesorten, Hülsenfrüchten, Blattgemüsen, Nüssen und Samen enthalten, wenn auch in deutlich geringerem Ausmaß als in tierischen Lebensmitteln. Wichtig ist daher für Vegetarier und Veganer, möglichst viel davon zu essen.

Kalzium und Jod
Die Kalziumempfehlung pro Tag beträgt 1000 Milligramm und ist ohne den Verzehr von Milch- und Milchprodukten nur schwer zu erreichen. Deshalb sollten Ovo-Vegetarier und Veganer ausreichend kalziumhaltige pflanzliche Lebensmittel wie Brokkoli, Spinat, Sesam, Mohn und Haselnüsse essen.

Beim Verzicht von Fisch sollte wiederum auf eine ausreichende Jodzufuhr geachtet werden. Diese kann durch die Verwendung von jodiertem Speisesalz erreicht werden.

Vegetarisch:
Einfach!

Berglinsenknödel

Geht schnell!

Zubereitungs- und Garzeit: ca. 30 Minuten

Linsen mal als Knödel. Wir fanden, eine gute Idee. Das Gericht ist nicht nur schnell zubereitet, sondern auch äußerst nahrhaft und gesund. Dazu genügt als Beilage ein knackiger Salat. Übrigens: Beim Testessen für das Buch war diese einfache Speise sehr begehrt. Wir würden auch sagen, ein ideales Montagabendessen, womöglich nach einer Wochenendvöllerei …

Die Berglinsen abspülen und in einen ungelochten Garbehälter geben. Die Haferflocken, den Couscous und die Gemüsebrühe dazugeben und alles im DG bei 100° C 15 Minuten dämpfen.

Zwischenzeitlich die Zwiebel sowie den Knoblauch schälen und in feine Würfel schneiden. Die Paprika putzen und ebenfalls in kleine feine Würfel schneiden. In einer Pfanne Olivenöl erhitzen und die Zwiebelwürfel darin glasig braten. Danach die Paprika kurz mitrösten, zum Schluss den Knoblauch untermengen.

Den Garbehälter aus dem DG nehmen, den Zwiebel-Paprika-Mix zu dem Linsen-Haferflocken-Couscous-Gemisch geben und mit Estragonsenf, Kräutern, Koriander, Salz und Pfeffer würzen. Ei und Reismehl untermengen und aus der Masse mit nassen Händen Knödel formen.
Die Knödel auf ein gelochtes Garblech geben und im DG bei 100° C 13 Minuten dämpfen.

Gemeinsam mit Salat anrichten.

200 g Berglinsen
80 g Haferflocken
360 ml Gemüsebrühe
100 g Couscous
1 Zwiebel
2 Knoblauchzehen
1 Paprika rot
1 Paprika grün
2 EL Olivenöl
1 TL Estragonsenf
¼ TL Petersilie
¼ TL Oregano
¼ TL Koriander gemahlen
1 TL Salz
Pfeffer
1 Ei
2 EL Reismehl

Marokkanische Gemüse-Tagine

Zubereitungs- und Garzeit: ca. 20 Minuten

In Marokko ist die Tagine eine äußerst begehrte Speise. Sie wird im gleichnamigen speziellen Behältnis zubereitet. Dieses ist eine Art Steingutgefäß mit einem kegelförmigen Deckel, der dazu dient, den aufsteigenden Dampf zurück zum Gargut zu bringen. Zum Glück haben wir einen Dampfgarer, denn der Garraum unseres Geräts funktioniert identisch!

Kartoffeln, Kohlrabi, Karotten, Zwiebeln, Knoblauch und Ingwer schälen. Zucchini und Stangensellerie waschen. Kartoffeln, Kohlrabi und Karotten in 1 x 1 cm große Stücke schneiden. Zwiebel, Knoblauch, Chilischote und Ingwer fein hacken.

Kartoffeln, Kohlrabi, Karotten und Stangensellerie gemeinsam in einem ungelochten Garbehälter im DG bei 100° C 5 Minuten dämpfen.

In einem Topf Olivenöl erhitzen und die Zwiebel darin glasig anschwitzen. Nun Zucchini, Dörrzwetschken, Chilischote, Knoblauch sowie Ingwer hinzufügen und kurz anbraten. Jetzt den Koriander hacken und mit den Gewürzen hinzufügen. Danach mit der Gemüsebrühe ablöschen.

Zum Schluss das Gemüse aus dem DG nehmen und zum Zwiebel-Zucchini-Gemisch in den Topf geben. Mit Salz würzen und mit Sesam bestreuen, sofort servieren.

4 Kartoffeln
2 Kohlrabi
3 Karotten
2 Zwiebeln
3 Knoblauchzehen
1 Chilischote
30 g Ingwer (ca. 3 cm)
1 Zucchini
2 Stängel Staudensellerie
2 EL Olivenöl
100 g Dörrzwetschken
2 EL frischer Koriander (oder Petersilie)
½ TL Kreuzkümmel
1 Msp. Zimt
einige Safranfäden
1 EL Honig
1 l Gemüsebrühe oder Wasser
1 EL Sesam (oder Hanf)
Salz

Buchweizen-Gemüseterzett

 *Auch für Veganer!*

Zubereitungs- und Garzeit: ca. 30 Minuten

Der Buchweizen, eine sogenannte Pseudogetreideart, ist in der Alltagsküche nach wie vor eher selten anzutreffen. Schade eigentlich. Er ist glutenfrei, hat einen angenehmen Geschmack und ist gut verträglich. Als ganzes Korn ist er schnell zubereitet und lässt sich vielseitig kombinieren. Etwa zu unserem „Veggie-Wild". Im folgenden Rezept stellt er mit Karfiol, Brokkoli und Radicchio eine moderne Symphonie dar. Und der Gaumen wird singen!

Den Buchweizen gut abspülen und mit der Gemüsebrühe in einen ungelochten Garbehälter füllen. Im DG bei 100° C 18 Minuten dämpfen.

Karfiol und Brokkoli waschen, in kleine Röschen teilen, zusammen in einen ungelochten Garbehälter füllen und die letzten 5 Minuten zum Buchweizen in den DG geben.

Währenddessen den Radicchio waschen und zerpflücken.

Den Buchweizen und die Karfiol-Brokkoli-Mischung aus dem DG nehmen.

Eine Pfanne mit Olivenöl erhitzen, den Buchweizen mit dem Gemüse darin schwenken und mit Salz und Pfeffer würzen. Zum Schluss die Radicchioblätter dazugeben und alles nochmals kurz durchmischen.

200 g Karfiol
200 g Brokkoli
1 Radicchio
200 g Buchweizen
400 ml Gemüsebrühe
2 EL Olivenöl
Salz
Pfeffer

Polenta-Ricotta-Knöpfe

Geht schnell!

Zubereitungs- und Garzeit: ca. 30 Minuten

Wünschen Sie sich bei der Autofahrt nach Hause, das Essen stünde schon auf dem Tisch? Simsalabim! Dieses Gericht ist ideal, weil fast von selbst gekocht. Und für die Zubereitung würde man nicht einmal eine Küche benötigen, denn der Dampfgarer übernimmt fast die ganze Arbeit. Sie dürfen noch ein bisschen mischen und formen, und schon warten appetitliche „Knöpfe" darauf, verzehrt zu werden.

Polentagrieß mit Hanfmehl mischen, salzen und die Masse in einen ungelochten Garbehälter geben. Mit der Gemüsebrühe aufgießen und im DG bei 100° C 15 Minuten dämpfen. Herausnehmen und die heiße Hanfpolenta mit dem Ricotta vermengen.

Ein ungelochtes Garblech mit Olivenöl ausstreichen. Aus dem Polenta-Ricotta-Gemisch eine fingerdicke Rolle formen (siehe Tomatengnocchi auf Seite 44) und mit der Teigspachtel kleine „Knöpfe" abstechen. Diese auf das Garblech legen und im DG bei 100° C 10 Minuten dämpfen. Den Vorgang so lange wiederholen, bis die gesamte Polenta-Ricotta Masse verbraucht ist.

Als Serviervorschlag empfehlen wir die Kombination mit geschmorten Aromatomaten (siehe Seite 84).

Die fertigen und abgekühlten Polenta-Ricotta-Knöpfe auf ein geöltes Tablett geben und tiefkühlen. Sind sie gefroren, in Tiefkühlbeutel umfüllen. So lassen sie sich bei Gebrauch einzeln entnehmen.

400 g Polentagrieß
4 EL Hanfmehl (oder schwarzer Sesam)
800 ml Gemüsebrühe oder Wasser
100 g Ricotta
Salz
2 EL Olivenöl

Wenn Sie statt Hanfmehl schwarzen Sesam verwenden, diesen in einer Pfanne trocken rösten und dann wie das Mehl weiterverwenden. Traditionelle Mehlsorten sollen bei diesem Gericht nicht verwendet werden, da die Knöpfe damit viel zu fest werden!

Kartoffel-Kürbis-Knödel

Geht schnell!

Zubereitungs- und Garzeit: ca. 30 Minuten

Oft ist die Zeit knapp, deshalb haben wir bei diesem Rezept die schnelle Variante gewählt und verwenden biologischen Fertigkartoffelteig. Für Verfechter des „Selfmade" bleibt natürlich die Möglichkeit bestehen, den Kartoffelteig selbst zuzubereiten.

Den Kartoffelteig nach Herstellerangabe zubereiten.

Den Kürbis entkernen, schälen und das Fruchtfleisch mit einer Küchenreibe auf ein trockenes Küchentuch raspeln. Leicht salzen und 5 Minuten ziehen lassen. Jetzt den Kürbis mithilfe des Küchentuches auswringen. Die trockenen Kürbisraspel mit der Kartoffelmasse vermischen. Aus dem Teig Knödel formen und auf ein mit Olivenöl bestrichenes gelochtes Garblech legen. Im DG bei 100° C 15 Minuten dämpfen.

Dazu passen zerlassene Butter und Salat oder gedämpftes Sauerkraut.

1 Pkg. fertiger Kartoffelteig
200 g Butternusskürbis
Salz
2 EL Olivenöl

Gedämpftes **Sauerkraut** *ist leicht gemacht. Dazu das Sauerkraut kurz abschwemmen und in einem ungelochten Garbehälter mit 1 EL Zucker, 1 TL Brotgewürz und ¼ TL Salz würzen. Zur Geschmacksintensivierung 50 g Räuchertofu über das Sauerkraut bröseln. Im DG bei 100° C 35 Minuten dämpfen.*

Kartoffelteig selbst gemacht: Siehe Rezept „Tomatengnocchi mit Hanfnüssen" auf Seite 44, nur Tomatenmark weglassen.

Süßkartoffeln auf Gemüseschaum

Auch für Veganer!

Zubereitungs- und Garzeit: ca. 30 Minuten

Immer öfter sieht man Süßkartoffeln in den Gemüseregalen. Das ist gut so, denn die Süßkartoffel ist eine der nährstoffreichsten Gemüsesorten. Sie ist vollgepackt mit Vitalstoffen und hat deshalb einen positiven Effekt auf unseren Organismus. Nebenbei schmeckt die Süßkartoffel wunderbar und lässt sich vielseitig zubereiten. Alles in allem ein kostbares Geschenk der Natur!

Die Grünen Bohnen putzen und in 3 cm lange Stücke schneiden. Die Süßkartoffeln schälen und in 2 x 2 cm große Würfel schneiden. Grüne Bohnen und Süßkartoffeln auf ein gelochtes Garblech legen und unter Berücksichtigung der Garzeiten im DG bei 100° C zubereiten.

Für den Gemüseschaum die Karotten schälen und mithilfe des Sparschälers in Streifen schneiden. Zwiebel und Ingwer schälen, Paprika putzen und alles in feine Würfel schneiden.
In einer Pfanne das Olivenöl erhitzen und die Zwiebel mit dem Ingwer darin glasig anschwitzen. Die Paprika- und Karottenstreifen sowie den Estragonsenf dazugeben und kurz anbraten. Mit der Kokosmilch aufgießen und ein Mal aufkochen lassen. Mit den Gewürzen abschmecken.
Nun diese Mischung in eine Küchenmaschine füllen, das Reismehl hinzufügen und alles fein pürieren. Danach wieder in die Pfanne geben und warmhalten.

Das Gemüse aus dem DG nehmen, nach Geschmack salzen, auf Teller verteilen und mit dem Gemüseschaum umkränzen.

250 g Süßkartoffeln
200 g Grüne Bohnen
200 g Karotten
1 Zwiebel
1 rote Paprika
30 g Ingwer (ca. 3 cm)
2 EL Olivenöl
½ TL Estragonsenf
200 ml Kokosmilch
½ TL Koriander
½ TL Kreuzkümmel
½ TL Chilipulver
Salz
2 EL Reismehl

Gemüse-Garzeiten:
Grüne Bohnen:
18 Minuten
Karotten im Ganzen:
12 Minuten
Süßkartoffeln in Stücken:
10 Minuten
Paprika in Stücken:
4 Minuten

Vollkornbrotauflauf

Geht schnell!

Zubereitungszeit: ca. 15 Minuten
Garzeit: 40 Minuten

Es ist Vollkornbrot übrig geblieben und Sie wollen den Rest verwerten? Kein Problem! Unser Vollkornbrotauflauf wird Sie begeistern und auch der Familie schmecken. Womöglich ist Vollkornbrot bei Ihren Kindern sonst nicht unbedingt der Renner ... Sicher aber in diesem Auflauf! Nahezu unbemerkt wird Korn um Korn verschlungen. Und dann heißt es: Nachschlag, bitte!

Den Tofu mit 3 EL Olivenöl, Salz und 50 ml Schlagobers zu einer Creme mixen. Die Brotscheiben mit der Tofucreme bestreichen, einen ungelochten Garbehälter mit der Butter ausstreichen und die Brotscheiben dachziegelartig einschichten. Paprika putzen, Zucchini der Länge nach vierteln, Zwiebel schälen und alles in Streifen schneiden. Die Karotte schälen und raspeln.

In einer Pfanne 2 EL Olivenöl erhitzen und die Zwiebel- sowie die Paprikastreifen darin anrösten. Danach die Zucchini dazugeben und mit Salz und Pfeffer würzen. Diese Gemüsemischung rund um die Brotscheiben in den ungelochten Garbehälter geben und die Karottenraspel roh über das Gemüse streuen.

Jetzt die Eier, das restliche Schlagobers und die Milch verrühren, mit Salz und Pfeffer abschmecken und über das Brot und Gemüse in den Garbehälter gießen. Den Käse darüberreiben und im DG bei 100° C 40 Minuten dämpfen.

300 g Räuchertofu
5 EL Olivenöl
250 ml Schlagobers
8 Scheiben Vollkornbrot
50 g Butter
1 Paprika rot
1 Paprika gelb
1 Paprika grün
1 Zucchini
1 Zwiebel
1 Karotte
4 Eier
30 g Greyerzer
250 ml Milch
Salz
Pfeffer

Sollte das verwendete Brot schon hart sein, die Eier-Schlagobers-Milchmischung 8 bis 10 Minuten einziehen lassen, bevor es in den DG gegeben wird.

Gemüsestrudel aus dem Dampf

Geht schnell!

Zubereitungszeit: ca. 20 Minuten
Garzeit: 20 Minuten

Ein Strudel ist ein Strudel. Aber nicht dieser. Nun werden Sie fragen, wie denn ein Strudel aus dem Dampfgarer ohne den Knuspereffekt überhaupt schmecken kann? Wir sagen Ihnen: einmalig! Es ist der Strudel schlechthin! Anders als gewohnt – und voller Geschmack. Einfach ausprobieren!

Den Lauch waschen und in dünne Röllchen schneiden. Die Karotten und die Gelben Rüben schälen und in kleine Würfel, die Sellerie waschen und in kleine Stücke schneiden. Den Karfiol in Röschen teilen. Das Gemüse auf ein gelochtes Garblech geben und im DG bei 100° C 5 Minuten blanchieren. Danach auskühlen lassen und mit Salz, Schabzigerklee und Petersilie würzen.

Den Parmesan fein reiben, mit den Weißbrotbröseln vermengen und mit dem Sauerrahm unter das Gemüse heben.

Nun die Butter in einer Pfanne erwärmen.

Währenddessen ein Strudelteigblatt auf ein trockenes Küchentuch legen und mit der flüssigen Butter bestreichen. Ein zweites Strudelteigblatt darauflegen. Die Hälfte der Gemüsemasse im unteren Drittel verteilen, die Seitenteile einschlagen und mithilfe des Küchentuchs zu einem Strudel rollen. Den Vorgang mit dem zweiten Strudel wiederholen.

Die Strudel auf ein gelochtes, mit Olivenöl ausgestrichenes Garblech geben und im DG bei 100° C 20 Minuten dämpfen.

Als Beilage passt z. B. ein mit Kräutern abgeschmeckter Joghurtdip. Das Rezept für selbst zubereitetes Joghurt finden Sie auf Seite 96.

1 Pkg. Strudelteig (= 4 Blätter)
1 Stange Lauch
3 Karotten
2 Gelbe Rüben
½ Stängel Staudensellerie
½ Karfiol
Salz
½ TL Schabzigerklee (wenn vorhanden)
1 EL frische Petersilie, gehackt
80 g Parmesan
80 g Weißbrotbrösel
2 EL Sauerrahm
50 g Butter
2 EL Olivenöl

Verrühren Sie 1 EL Tomatenmark mit 1 EL Olivenöl. Diese Mischung, auf die fertigen Strudel aufgestrichen, sorgt für eine schöne Farbe!

Lupinenbraten mit Reis

Zubereitungszeit: ca. 25 Minuten
Garzeit: 20 Minuten

Lupinen enthalten hochwertiges basisches Eiweiß und alle für den Menschen so notwendigen essenziellen Aminosäuren. Und: sie sind nahezu frei von harnsäurebildenden Purinen. Ersetzen Sie in Speisen oder Backwaren die häufig verwendeten Kohlehydrate durch Lupinenschrot oder Lupinenmehl und erhöhen dadurch den Proteingehalt der Mahlzeiten. Haut, Haare, Immunsystem und Hormonhaushalt werden dankbar sein.

Die Gemüsebrühe mit den Lorbeerblättern aufkochen. Die Lorbeerblätter wieder entfernen und die Brühe über den Lupinenschrot gießen und verrühren. Abkühlen lassen.

Währenddessen den Basmatireis in einen ungelochten Garbehälter geben, mit Wasser aufgießen und im DG bei 100°C 18 Minuten dämpfen.
Aus dem DG nehmen und abkühlen lassen.

Den Knoblauch schälen und fein hacken. Den Lupinenschrot mit dem Knoblauch, Ricotta, Majoran, Salz und Pfeffer nach Geschmack würzen und den überkühlten Reis einarbeiten. Aus dieser Masse mit nassen Händen eine große Rolle formen und auf ein mit Olivenöl ausgestrichenes ungelochtes Garblech geben. Im DG bei 100°C 35 Minuten dämpfen.

Danach den Braten in Scheiben schneiden.

Dazu passt entweder knackiger Salat oder Wokgemüse.

250 g Lupinenschrot
500 ml Gemüsebrühe
2 Lorbeerblätter
100 g Basmatireis
200 ml Wasser
2 Knoblauchzehen
80 g Ricotta
¼ TL Majoran
Salz
Pfeffer
2 EL Olivenöl

Wenn wir hier von Lupinen sprechen, so sind immer Süßlupinen gemeint, da die anderen nicht genießbar sind. Süßlupinenprodukte sind im Reformhaus erhältlich.

Vegetarisch & mediterran

Schnelle Ziegenkäsegnocchi

Zubereitungszeit: ca. 30 Minuten
Garzeit: 15 Minuten

Was macht Gnocchi zu einem schnellen Gericht? Das ist rasch erklärt! Wir verzichten hier auf die Kartoffeln und ersetzen sie durch Reismehl. Die Gnocchi bleiben trotzdem fluffig und schmecken durch die Zugabe von Ziegenkäse, Montasio und Parmesan wunderbar würzig.

Den Parmesan und den Montasio (ohne Rinde) reiben und mit dem Ziegenkäse vermengen. Dann Reismehl, Dinkelgrieß, Eidotter und den Schabzigerklee einarbeiten und den Teig für 15 Minuten rasten lassen.
Aus diesem Teig eine fingerdicke Rolle formen und 2 cm lange Stücke abschneiden. Die Stücke über die Zinken einer Gabel rollen, um die typische Rillung zu erhalten.

Ein gelochtes Garblech mit Olivenöl ausstreichen, die Ziegenkäsegnocchi darauflegen und im DG bei 100° C 15 Minuten dämpfen.

Die Ziegenkäsegnocchi gemeinsam mit in Butter geschwenkten Grünen Bohnen und Cocktailtomaten oder auf Wokgemüse servieren.

200 g Ziegenweichkäse
50 g Parmesan
80 g Montasio (Bergkäse)
50 g Reismehl
20 g Dinkelgrieß
2 Eidotter
¼ TL Schabzigerklee (wenn vorhanden)
2 EL Olivenöl

Der Dinkelgrieß in der fertig zubereiteten Gnocchi-Masse braucht etwas Zeit zum Quellen. Das macht den Teig schön weich.

Gefüllte Melanzaniröllchen

Zubereitungszeit: 15 Minuten
Garzeit: 15 Minuten

Ja, dieses Gericht hat seinen Ursprung in der Fleischküche und wurde in ein herrliches vegetarisches Gericht verwandelt. Die Fülle aus Topfen und getrockneten Tomaten schmeckt unwiderstehlich gut! Ein superschneller Genuss, der zu einem Ihrer Lieblingsgerichte werden könnte.

Die Melanzani am besten mit der Aufschnittmaschine längs in 12 gleichmäßige Scheiben schneiden. In einer Pfanne Olivenöl erhitzen und die Melanzani darin beidseitig kurz Farbe nehmen lassen. Die getrockneten Tomaten fein hacken. Den Topfen mit den Gewürzen, den Tomaten und Knoblauchzehen am besten mit dem Handmixer gut durchmischen.

Die überkühlten Melanzanischeiben auflegen, die Topfenmasse mithilfe eines Esslöffels auf dem unteren Ende aufstreichen und alles aufrollen. Die Röllchen auf ein gelochtes Garblech im DG bei 95° C 15 Minuten dämpfen.

Mit den frischen Basilikumzweigen garnieren. Als weitere Garnitur passen etwa geschmorte oder gedämpfte Tomaten.

2 kleine Melanzani
2 EL Olivenöl
600 g Bröseltopfen
½ TL Oregano
½ TL Thymian
½ TL Salz
Pfeffer
50 g getrocknete Tomaten (in Öl, aus dem Glas)
2 Knoblauchzehen, fein gehackt
4 Zweige frischer Basilikum

Kaufen Sie die Melanzani nie zu groß, bei den kleineren Früchten entfällt der mehlige Geschmack! Wer Melanzani gar nicht mag, nimmt einfach Zucchini.

Veggie-Fisch mit Spargel

Zubereitungszeit: ca. 15 Minuten
Garzeit: 12–15 Minuten

Unser Veggie-Fisch ist ja schon für sich ein Star. Die Kombination mit Spargel und Limoncello aber einen Oscar wert! Die Bewunderung Ihrer Gäste ist Ihnen damit sicher ... Ob Sie das „Geheimnis" dieses Rezeptes preisgeben – nun, das überlassen wir Ihnen!

Den Veggie-Fisch in 8 Teile schneiden.

Vom grünen und weißen Spargel die holzigen Enden wegschneiden. Den grünen Spargel nur im unteren Teil schälen, den weißen Spargel vom Kopf nach unten schälen.

Im ersten Schritt die Spargelstangen mitsamt den Veggie-Fisch-Teilen auf ein gelochtes, mit Olivenöl ausgestrichenes Garblech geben. Im zweiten Schritt die Spargelschalen mit Wasser auf ein ungelochtes Garblech geben. Dieses direkt unter dem gelochten Garblech mit Spargel und Veggie-Fisch in den DG schieben, um so den noch austretenden Spargelsaft aufzufangen.

Alles bei 95° C 12 bis 15 Minuten dämpfen.

Nach der Garzeit die Spargelstangen mit dem Veggie-Fisch zum Warmhalten im DG belassen.

Das Garblech mit den Spargelschalen hingegen herausnehmen, den Spargelsud in einen Topf abseihen, den Limoncello dazugeben und mit dem Schlagobers aufgießen. Die Spargelsauce auf dem Herd gut um ein Drittel köchelnd reduzieren lassen. Zum Schluss mit Salz würzen.

Zum Anrichten die Spargelsauce auf die Teller verteilen, die Spargelstangen mit dem Veggie-Fisch dekorativ dazulegen.

600 g Veggie-Fisch (siehe Seite 70/71)

20 Spargelstangen, weiß und grün
2 EL Olivenöl
4 EL Limoncello
200 g Schlagobers oder Sojasahne
250 ml Wasser
Salz

Beim Spargelkauf darauf achten, dass die weißen und grünen Stangen etwa gleich dick sind. Dadurch haben beide denselben Garpunkt und das vereinfacht die Zubereitung.

Risoniauflauf

Zubereitungszeit: ca. 20 Minuten
Garzeit zur Fertigstellung: 18 Minuten

Ganz ehrlich, echte italienische Pasta schmeckt im Kochtopf zubereitet am besten. Mit einer Ausnahme! Risoni (reiskorngroße Nudeln) sind perfekt für den Dampfgarer geeignet. Ähnlich wie Reis kocht man Risoni unter Beigabe von Wasser. Mehr als einfach und praktisch ohne Aufwand. Die hier genannte Kombination ist variantenreich und schmeckt raffiniert. Einen Versuch – und eine Versuchung – wert!

Die Risoni in einen ungelochten Garbehälter geben, mit 800 ml Wasser aufgießen, salzen und im DG bei 100° C 15 Minuten dämpfen.

In der Zwischenzeit Zwiebel und Knoblauch schälen und beides in kleine Würfel schneiden. Die getrockneten Tomaten in feine Streifen, die Oliven in feine Ringe schneiden, die Kapernbeeren halbieren.

In einer Pfanne Olivenöl erhitzen und die Zwiebel darin anschwitzen. Danach den Knoblauch und die getrockneten Tomaten dazugeben und kurz mitrösten. Zum Schluss die Oliven und die Kapernbeeren untermengen. Die Pfanne zur Seite stellen.

Die Nudeln aus dem DG nehmen, kalt abspülen und in eine Auflaufform füllen. Den Pfanneninhalt mit den Nudeln vermengen, den Ricotta dazugeben, mit Salz, Pfeffer und Oregano (und Chilipulver) abschmecken und alles gut vermischen.

Den Auflauf im DG bei 100° C 18 Minuten fertig dämpfen.

Währenddessen die Zucchini fein raspeln und zum Schluss wie Parmesan über den Auflauf streuen.

Wenn Sie Kapern und Oliven nicht mögen, ersetzen Sie diese durch Pilze. Frische Pilze zuerst in der Pfanne mit 2 EL Öl kräftig anbraten, bis alles Wasser verdampft ist. Danach untermischen.

200 g Risoni (oder Tarhonya)
800 ml Wasser
1 Zwiebel
2 Knoblauchzehen
80 g getrocknete Tomaten (in Öl, aus dem Glas)
100 g grüne Oliven, entsteint
4 Kapernbeeren
2 EL Olivenöl
100 g Ricotta
1 Zucchini
½ TL Oregano
Salz
Pfeffer
evtl. 1 Msp. Chilipulver

Soll es einmal schneller gehen, die Nudeln abseihen, alles vermischen und sofort servieren.

Der Auflauf hingegen hat eine feste Konsistenz, die sich gut schneiden und damit leicht portionieren lässt! Ein Hingucker bei Gästen.

Zitronenrisotto auf Rote-Rüben-Carpaccio

Auch für Veganer!

Zubereitungszeit: ca. 15 Minuten
Garzeit: 25 Minuten

Ein Essen wie für Gott in Frankreich, nur diesmal speist er in Italien. Der Geschmack der hauchdünn geschnittenen Roten Rüben in Kombination mit der Zitrone lässt den Gaumen jubilieren. Genau das Richtige nach einem harten Arbeitstag – das haben wir uns verdient!

Aus der halben Zitrone Zesten reißen.

Den Risottoreis waschen und in einen ungelochten Garbehälter geben. Die heiße Gemüsebrühe darübergießen, mit Salz und Chili würzen sowie den Saft der halben Zitrone beimengen. Alles miteinander verrühren und im DG bei 100° C 25 Minuten dämpfen.

In der Zwischenzeit die gekochte Rote Rübe in hauchdünne Scheiben schneiden (am besten mit der Aufschnittmaschine) und wie Carpaccio auf einen Teller schichten.

Olivenöl in einer kleinen Pfanne erhitzen und die Zitronenzesten darin anschwitzen.

Das fertige Risotto aus dem DG nehmen, auf dem Rote-Rüben-Carpaccio anrichten und mit den Zitronenzesten bestreuen.

300 g Risottoreis (Arborio)
500 ml heiße Gemüsebrühe
½ Zitrone (Schale + Saft)
1 Rote Rübe, gekocht
1 EL Olivenöl
Chili nach Geschmack
Salz

Nichtveganer verwenden als Geschmacksverstärker gehobelten Parmesan, der gemeinsam mit den Zitronenzesten zum Schluss über das Gericht gestreut wird.

Tomatengnocchi mit Hanfnüssen

Super zum Vorbereiten und Tiefkühlen!

Zubereitungszeit: ca. 80 Minuten
Garzeit zur Fertigstellung: 8 Minuten

Ernährungsphysiologisch ist der Hanf ein Alleskönner und für dieses Gericht fast ein Muss. Sie wollen wissen, wie Speisehanf schmeckt? Wie eine kongeniale Mischung aus Nuss und Mohn. Dieses Kraftpaket gibt es im Reformhaus.

Kartoffeln mit Schale auf ein gelochtes Garblech geben und im DG bei 100° C circa 45 Minuten dämpfen. Danach schälen, heiß passieren und etwas überkühlen lassen. Ei, Parmesan, Tomatenmark und Muskatnuss unterrühren und mit Salz abschmecken. Das Dinkelmehl zügig untermischen und den Teig 5 Minuten rasten lassen.

Danach fingerdicke Rollen formen und in 2 bis 3 cm lange Stücke schneiden. Diese über die Zinken einer Gabel rollen, um die typische Rillung zu erhalten (sie lässt Butter oder Sauce besser haften).

Ein gelochtes Garblech mit Olivenöl ausstreichen, die Gnocchi darauflegen und im DG bei 95° C 8 Minuten dämpfen.

In einer großen Pfanne die Hanfnüsse ohne Fettzugabe leicht rösten (immer wieder rühren, damit sie nicht anbrennen). Jetzt die Butter zugeben und schmelzen lassen. Die Gnocchi aus dem DG nehmen und in der Hanfbutter schwenken.

Dazu passt Salat mit einer Preiselbeer- oder Himbeermarinade. (Geben Sie dazu einfach einen Esslöffel Preiselbeer- oder Himbeermarmelade in die Marinade.)

Zum Tiefkühlen die gegarten Gnocchi nebeneinander auf eine geölte Platte legen und in den Tiefkühler geben. Sobald sie gefroren sind, in Tiefkühlbeutel umfüllen. Bei Bedarf entnehmen und direkt in den DG geben. Bei 100° C 10 Minuten dämpfen.

750 g mehlige Kartoffeln
1 Ei
50 g Parmesan, gerieben
2 EL Tomatenmark
1 Msp. geriebene Muskatnuss
1 TL Salz
225 g Dinkelvollkornmehl
2 EL Olivenöl
100 g geschälte Hanfnüsse
100 g Butter

Capellini in Hülle und Fülle

Geht schnell!

Zubereitungszeit: ca. 25 Minuten
Garzeit zur Fertigstellung: 8 Minuten

Capellini sind als Nudelsorte ideal für den Dampfgarer, weil sie besonders dünn sind und dadurch eine kurze Garzeit haben. Egal, mit welcher Sauce sie zubereitet werden, das Resultat ist immer saftig. Durch die Beschaffenheit der Capellini bleiben Saucen wesentlich besser haften als bei dickeren Nudelsorten. Nach diesem Rezept können Sie die Capellini als Füllung verwenden – oder sie auch solo auftreten lassen.

Mit einer Aufschnittmaschine die Melanzani längs in ca. 1 cm dicke Scheiben schneiden. Die Melanzanischeiben beidseitig mit 2 EL Olivenöl einpinseln und auf ein gelochtes Garblech geben.

Die Capellini in einen ungelochten Garbehälter geben, mit reichlich Wasser bedecken und etwas salzen.

Die Melanzanischeiben zugleich mit den Capellini im DG bei 100° C 8 Minuten dämpfen.

In der Zwischenzeit Karotten, Knoblauch und Zwiebel schälen und fein würfeln. In einem Topf 2 EL Olivenöl erhitzen und alles darin glasig anschwitzen. Mit Weißwein ablöschen und die gewürfelten Tomaten hinzufügen. Die Tomatensauce mit Salz und Pfeffer würzen, den zerpflückten Basilikum hinzufügen und die Sauce vom Herd nehmen.

Melanzanischeiben und Capellini aus dem DG nehmen. Die Melanzanischeiben übereinanderstapeln, damit sie nicht austrocknen. Die Capellini abseihen. In einer großen Schüssel den Ricotta mit einem Schöpfer Tomatensauce mischen und die Capellini untermengen.

Nun die Melanzanischeiben auflegen und die Nudeln am besten mit einer Spaghettizange gleichmäßig auf die Melanzanischeiben verteilen. Aufrollen. Die fertigen Röllchen auf ein ungelochtes Garblech legen und im DG bei 100° C 8 Minuten dämpfen. Die restliche Tomatensauce inzwischen warmhalten.

Gemeinsam anrichten.

400 g Capellini
500 g gewürfelte Tomaten (Dose)
1 Melanzani (oder 2 Zucchini)
2 Karotten
250 g Ricotta
2 Knoblauchzehen
1 Zwiebel
3 EL Weißwein
4 EL Olivenöl
3 EL frischer Basilikum
Salz
Pfeffer

Das Gericht kann sehr gut vorbereitet werden. Dazu die Röllchen fertigstellen und im Kühlschrank zugedeckt aufbewahren. Bei Bedarf im DG bei 100° C 8 Minuten dämpfen.

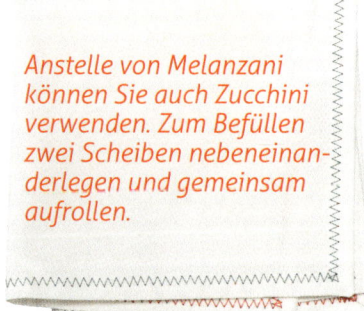

Anstelle von Melanzani können Sie auch Zucchini verwenden. Zum Befüllen zwei Scheiben nebeneinanderlegen und gemeinsam aufrollen.

Tofu unter der Haube

Ideal für Gäste!

Zubereitungszeit am Vortag: ca. 20 Minuten
Zubereitungszeit am Verzehrtag: ca. 25 Minuten
Garzeit zur Fertigstellung: 15 Minuten

Der Tofu als seidiger weißer „Topfen" mit dem neutralen Geschmack ist der Star der vegetarischen Küche. Mit den richtigen Beigaben wird er ein Gaumenkitzel, von dem man nicht lassen kann. Bei uns bekommt er eine Haube – aus Spinat! Ein mediterran inspiriertes Festessen. Mmmh!

Am Vortag:
Den TK-Blattspinat vom Tiefkühler in den Kühlschrank geben und über Nacht auftauen lassen.
Die Tomaten klein schneiden, den Knoblauch schälen und grob hacken. Beides mit der Gemüsebrühe in eine Keramikschüssel füllen und im DG bei 100° C 5 Minuten dämpfen. Danach mit einem Mixer unter Zugabe von Sauerrahm, Curry, Muskatnuss, Salz und Pfeffer fein pürieren.
Den Tofu in Scheiben schneiden, zur Tomatenmarinade in die Schüssel geben und mit der Sauce bedecken. Ebenso über Nacht zugedeckt im Kühlschrank ziehen lassen.

Am Verzehrtag:
Den Blattspinat in einen ungelochten Garbehälter geben und im DG bei 100° C 5 Minuten blanchieren. Danach auskühlen lassen, gut ausdrücken und grob hacken. Nun den Spinat mit den grob gehackten Knoblauchzehen und den Eidottern pürieren.
Das Schlagobers steif schlagen.
In einem Topf die Butter erwärmen, das Spinatpüree hinzufügen und das Schlagobers unterziehen. Sofort vom Herd nehmen und mit Salz, Pfeffer und Muskatnuss würzen.
Jetzt den Tofu aus der Tomatenmarinade nehmen und die überschüssige Marinade abstreifen. Einen ungelochten Garbehälter mit Olivenöl ausstreichen und den Tofu daraufsetzen.
Die Spinatmasse in einen Dressiersack mit Lochtülle füllen und auf den Tofu gleichmäßig auftragen. Im DG bei 100° C 15 Minuten dämpfen.

Als Beilage empfehlen wir Kartoffeln und Gemüse der Saison.

400 g Blattspinat (TK)
4 Tomaten
2 Knoblauchzehen
150 ml Gemüsebrühe
1 EL Sauerrahm
1 Msp. Curry
1 Msp. geriebene Muskatnuss
Salz
Pfeffer
600 g Tofu

2 Knoblauchzehen
2 Eidotter
200 ml Schlagobers
100 g Butter
Salz
Pfeffer
1 Msp. geriebene Muskatnuss
2 EL Olivenöl

Veggie-Fisch mit Skordalia

 *Auch für Veganer!*

Zubereitungszeit: ca. 25 Minuten
Garzeit: 15 Minuten

Eine Skordalia ist nichts anderes als eine Knoblauchsauce und hat ihren Ursprung in Griechenland. In diesem Fall haben wir die Sauce mit Nüssen veredelt. Sie ist extrem einfach herzustellen und wertet jedes mediterrane Gericht auf. Unsere Skordalia schmeckt wie ein Tag Urlaub. Und die Kombination mit unserem Veggie-Fisch wie eine ganze Urlaubswoche!

Die geschälten Hanfnüsse in einer Pfanne ohne Zugabe von Öl trocken rösten. Davon 2 EL geröstete Hanfnüsse für das Finish beiseite geben. Die restlichen Hanfnüsse zum Hacken in eine Küchenmaschine geben. Das Weißbrot von der Rinde befreien, in kleine Würfel schneiden und in einer Schüssel mit dem Rotweinessig und 100 ml Wasser einweichen. 10 Minuten ziehen lassen.

Den Knoblauch schälen, grob hacken und zu den Nüssen in die Küchenmaschine geben. Dann die eingeweichte Weißbrotmasse noch nass dazugeben und alles kurz mixen. Jetzt bei laufendem Motor, wie bei der Herstellung von Mayonnaise, das Olivenöl langsam hinzufügen, bis eine cremige Masse entsteht. Danach den Zitronensaft und die restlichen 50 ml Wasser hinzufügen und nochmals durchmixen.
Zugedeckt bis zum Gebrauch im Kühlschrank aufbewahren.

Den Veggie-Fisch in gleichmäßige Teile schneiden und im DG bei 100° C 15 Minuten dämpfen.

Die Skordalia aus dem Kühlschrank nehmen und mit dem Veggie-Fisch anrichten. Mit den beiseite gegebenen Hanfnüssen garnieren.

600 g Veggie-Fisch (siehe Seite 70/71)

150 g geschälte Hanfnüsse (oder geschälte Haselnusskerne)
100 g Weißbrot (oder Semmelbrösel)
2 EL Rotweinessig
150 ml Wasser
2 Knoblauchzehen
150 ml Olivenöl
½ Zitrone (Saft)

Während Sie bei der Zubereitung der Skordalia das Olivenöl hinzufügen, schalten Sie die Küchenmaschine immer wieder kurz aus, damit die Nussmasse nicht zu warm und dadurch bitter werden könnte.

Veggie-Fisch ist im Sommer ideal zum Grillen, und die Skordalia ist sicher eine originelle Ergänzung fürs Saucenbuffet!

Bärlauch-Ziegenkäse-Pesto

Zubereitungszeit: ca. 25 Minuten
Garzeit zur Fertigstellung: 15 Minuten
Sterilisierzeit: 15 Minuten

Bärlauch, auch als „wilder Knoblauch" bekannt, ist im wahrsten Sinne atemberaubend in seiner Würze und Vielfältigkeit. Hier präsentieren wir den Bärlauch in Kombination mit Ziegenkäse. Unser Pesto schmeckt kalt auf Weißbrot oder zur Jause gereicht, und warm serviert als cremige Sauce für Pasta, Reis, Couscous, Quinoa und vieles mehr. Für die schnelle Küche sollte man dieses Pesto auf Vorrat haben!

Das Suppengemüse schälen, in kleine Würfel schneiden und in einen ungelochten Garbehälter geben. Mit dem Weißwein und der Gemüsebrühe aufgießen und im DG bei 100° C 10 Minuten dämpfen.

Den Bärlauch in feine Streifen schneiden und mit dem Gemüse und der Brühe fein mixen. Den Ziegenfrischkäse mit dem Mascarpone verrühren und mit der Bärlauchsauce in einen ungelochten Garbehälter füllen. Mit Salz und Pfeffer abschmecken und im DG bei 95° C 15 Minuten dämpfen. Danach gut verrühren.

Die Twist-off-Gläser im DG bei 100° C 15 Minuten sterilisieren.
Das Pesto einfüllen, die Gläser gleich gut verschließen. Für 5 Minuten auf den Kopf stellen, wieder umdrehen und langsam abkühlen lassen.

200 g Ziegenfrischkäse (Rolle)
100 g Mascarpone
100 ml trockener Weißwein
100 ml Gemüsebrühe
2 Bd. Bärlauch
1 Bd. Suppengemüse (Karotten, Gelbe Rüben, Sellerie, Petersilienwurzel)
Salz
Pfeffer
2 Twist-off-Gläser à 250 ml

Zum warm Servieren einfach die gewünschte Menge in einem kleinen Topf auf dem Herd erhitzen. Ein wenig Olivenöl beimengen, fertig!

Das Pesto auf Vorrat zubereitet ist im Kühlschrank 1 Monat haltbar!

Vegetarisch–
innovativ

Kürbismedaillons mit Hanfkruste

Auch für Veganer!

Zubereitungszeit: ca. 30 Minuten
Garzeit: 13 Minuten

Verlegenheit macht kreativ. Genau so ist dieses Gericht entstanden. Ursprünglich sollten daraus Kürbislaibchen werden, aber die dafür notwendige Reibe war nicht zur Hand. So entstanden mithilfe eines runden Keksausstechers Medaillons. Na bitte, geht erstens schneller, und bringt aufgrund der Textur sogar den Eigengeschmack des Kürbis besser hervor.

Den Kürbis in 2 cm starke Scheiben schneiden und die Schale entfernen. Nun mit einem runden Ausstecher Medaillons aus dem Kürbis ausstechen.

Salz, Pfeffer, Chili, Kreuzkümmel und roten Curry mischen. Die Hanfnüsse in einer Pfanne ohne Öl nicht zu heiß (siehe Tipp unten) rösten. Die Eier in einer Schüssel verschlagen und die Gewürzmischung unterrühren. Das Mehl in einen tiefen Teller geben. Dann die Kürbismedaillons nacheinander einseitig in das Mehl, das gewürzte Ei und die gerösteten Hanfnüsse tauchen.

Ein ungelochtes Garblech mit Olivenöl ausstreichen und die Kürbismedaillons mit der Panade nach oben auflegen. Im DG bei 100° C 13 Minuten dämpfen.

Für die Garnitur die Weintrauben halbieren. In einer Pfanne Olivenöl gut erhitzen und die Weintrauben darin anbraten. Mit Balsamicoglace ablöschen und 2 Minuten einkochen lassen.

Die Kürbismedaillons auf den gebratenen Weintrauben anrichten.

Als Beilage empfehlen wir Couscous.

600 g Kürbis
100 g geschälte Hanfnüsse
   (oder Sesam)
80 g Dinkelvollkornmehl
2 Eier (vegan: Sojajoghurt)
1 TL Salz
Pfeffer
1 Msp. Chili
1 Msp. Kreuzkümmel
1 ½ TL roter Curry
2 EL Olivenöl

GARNITUR
400 g Weintrauben rot/weiß gemischt
20 ml Balsamicoglace
2 EL Olivenöl

Als Kürbissorte empfiehlt sich der „Lange von Neapel"! Dieser harmoniert am besten mit der vorgeschlagenen Gewürzkombination. Außerdem ist die Sorte durch ihr kleines Kerngehäuse besonders wirtschaftlich.

Hanfnüsse rösten: Die Hand ca. 2 cm über den Pfannenboden halten. Fühlt sich die Temperatur lauwarm an, ist sie richtig.

Pilz-Bonbons

Super zum Vorbereiten und Tiefkühlen!

Beim Kartoffelteig kann die erforderliche Mehlmenge je nach Beschaffenheit und Sorte der Kartoffeln schwanken. Bleibt der Teig nicht mehr an den Fingern kleben, ist er optimal.

Zubereitungszeit: ca. 90 Minuten
Garzeit zur Fertigstellung: 15 Minuten

Der Fantasie sind hier kaum Grenzen gesetzt. Ob Sie nun selbst Pilze sammeln oder sie auf dem Markt kaufen: variieren Sie die Pilzsorten! Bei diesem Gericht – nicht nur optisch schön, sondern auch eine Freude für den Gaumen – ist vieles möglich. Arbeiten Sie idealerweise auf Vorrat, denn die Pilz-Bonbons sind toll zum Einfrieren. Und Sie sind jederzeit für Überraschungsbesuche gerüstet!

Die ungeschälten Kartoffeln in einen gelochten Garbehälter geben und je nach Größe im DG bei 100° C ca. 45 Minuten dämpfen (Garprobe machen).

Die Pilze putzen, Zwiebel und Knoblauch schälen und alles fein hacken. 2 EL Olivenöl in einer Pfanne erhitzen und die Zwiebeln glasig anschwitzen. Nun die Pilze dazugeben und solange rösten, bis kein Wasser mehr austritt. Erst jetzt mit Majoran, Thymian, Knoblauch und Petersilie würzen. Mit Salz und Pfeffer abschmecken und zum Abkühlen zur Seite stellen.

Die Kartoffeln aus dem DG nehmen, heiß schälen und durch die Kartoffelpresse drücken. Mit Ei, Salz und Mehl rasch zu einem Teig verarbeiten. Nun die Pilzmasse untermischen.

Um nun einen Teil der Fülle einzufärben, von der Masse ein Drittel entnehmen und die restlichen zwei Drittel mit dem Tomatenmark gut vermengen. Damit die Bonbons gleichmäßig aussehen, empfiehlt es sich, beim Füllen mit einem Eisportionierer zu arbeiten.

Die Butter erwärmen. Ein 10 x 10 cm großes Strudelteigblatt auslegen und mit der flüssigen Butter bestreichen.
In einen zuvor in Wasser getauchten Eisportionierer nun mithilfe eines Löffels die rot-weiß-rote „Bonbonmasse" einfüllen: ein Drittel von der roten Masse, ein Drittel von der weißen und wieder ein Drittel von der roten Masse.
Die Füllung aus dem Eisportionierer in die Mitte des Strudelteiges drücken und diesen nach oben zusammenfassen. Leicht andrücken und etwas eindrehen. Mit allen Strudelteigblättern so verfahren.

Ein gelochtes Garblech mit 2 EL Olivenöl ausstreichen und die Bonbons daraufsetzen. Im DG bei 100° C 15 Minuten dämpfen.

Mit einem Joghurt-Kräuter-Dip, als Krönung für ein Gemüsegericht oder einfach mit brauner Butter und Salat servieren.

24 Strudelteigblätter à 10 x 10 cm
  (= 1 Pkg. Strudelteig)
400 g mehlige Kartoffeln
300 g Pilze
1 Zwiebel
1 Knoblauchzehe
¼ TL Majoran
¼ TL Thymian
1 EL frische Petersilie, gehackt
Salz
Pfeffer
1 Ei
100 g Dinkelvollkornmehl
1 EL Tomatenmark
4 EL Butter
4 EL Olivenöl

Zum Tiefkühlen die rohen Bonbons auf einer geölten Platte in den Tiefkühler geben. Wichtig: Nicht zudecken, solange die Bonbons nicht durchgefroren sind. Die hübschen „Rüschen" könnten beschädigt werden. Wenn Gäste kommen, direkt aus dem Tiefkühler in den DG geben und bei 100° C 20 Minuten dämpfen.

„Moskau bei Nacht"

Zubereitungszeit: ca. 40 Minuten
Garzeit zur Fertigstellung: 35 Minuten

Mit diesem Gericht wurden einst die Gaumen hochrangiger russischer Politiker verwöhnt, weshalb diese Speise den Namen „Moskau bei Nacht" erhielt! Spitzpaprika sind eine Art Leibspeise in Russland und entsprechend oft auf den Tellern zu finden. Paprika zählen zu den Gemüsesorten mit dem größten Vitamin-C-Gehalt und sollten saisonbedingt im Sommer genossen werden. Fürs Auge sind sie eine wahre Farbexplosion!

Für die Creme Kartoffeln und Sellerie schälen und in gleich große Stücke schneiden. Beides auf ein gelochtes Garblech geben und im DG bei 100° C 25 Minuten dämpfen.

Die Paprika waschen, entkernen und den Deckel abschneiden.

Für die Füllung den Räuchertofu mit den Händen zerpflücken und in einen Standmixer geben. Nun die Gemüsebrühe, 1 EL Olivenöl, gekörnte Gemüsebrühe, die geschälte und geviertelte Knoblauchzehe sowie die Gewürze hinzufügen. Im Mixer fein pürieren und in eine Schüssel umfüllen. Das Glutenmehl unterheben und alles zu einer homogenen Masse verarbeiten.

Ein ungelochtes Garblech mit 2 EL Olivenöl ausstreichen. Nun die Tofumasse mithilfe eines Dressiersacks in die Spitzpaprika füllen und diese auf das Blech setzen.

Die Kartoffel- und Selleriestücke aus dem DG nehmen und beiseite stellen.

Die Spitzpaprika im DG bei 100° C 35 Minuten dämpfen.

Währenddessen für die Creme die Milch in einem Topf erwärmen. Die fertig gegarten Kartoffel- und Selleriestücke sowie die kalte Butter dazugeben. Mit Salz und Muskatnuss würzen. Zu guter Letzt mit dem Handmixer auf kleiner Stufe pürieren.

Die gefüllten Paprika aus dem DG nehmen und auf der Kartoffel-Sellerie-Creme anrichten.

Zum Pürieren der Creme unbedingt einen Handmixer, und keinen Stabmixer verwenden! Das Messer des Stabmixers lässt die Masse zäh werden. Mit dem Handmixer kommt hingegen mehr Luft in die Masse, und die Konsistenz wird cremiger.

4 große Spitzpaprika
100 g Räuchertofu
150 ml Gemüsebrühe oder Wasser
3 EL Olivenöl
1 TL gekörnte Gemüsebrühe
1 Knoblauchzehe
½ TL Majoran
1 Msp. geriebene Muskatnuss
1 Msp. Kardamom
1 Msp. Koriander
½ TL Salz
Pfeffer
80 g Glutenmehl

CREME
450 g mehlige Kartoffeln
150 g Sellerie
200 ml Milch oder Sojamilch
50 g kalte Butter (vegan: Margarine)
Salz
1 Msp. geriebene Muskatnuss

Sollten Sie keine großen Spitzpaprika bekommen, nehmen Sie die kleineren, dafür in der doppelten Menge!

Einkorn-Köfte mit Linsen-Tomaten-Sauce

Auch für Veganer!

Zubereitungszeit: ca. 30 Minuten
Garzeit zur Fertigstellung: 15 Minuten

Einkorn ist ein Urgetreide, stammt vom wilden Weizen ab und wird nach wie vor in seiner Urform angebaut. Das Besondere am Einkorn ist sein leicht nussiger Geschmack, der hier in Kombination mit Kreuzkümmel die türkische Note des Gerichtes unterstreicht.

Den Einkornschrot mit der Gemüsebrühe in einen ungelochten Garbehälter geben und im DG bei 100° C 20 Minuten dämpfen.

Für die Sauce Zwiebel und Knoblauch schälen, beides fein hacken.

Den gedämpften Einkornschrot aus dem DG nehmen und überkühlen lassen.

In der Zwischenzeit die gegarten Linsen abspülen. Das Olivenöl in einem Topf erhitzen und darin die Zwiebeln mit dem Knoblauch anschwitzen. Nun die Tomaten dazugeben und 5 Minuten köcheln lassen. Erst jetzt die Linsen hinzufügen und 5 Minuten weiterköcheln lassen. Die Linsen-Tomaten-Sauce mit Oregano, Salz und Pfeffer würzen, dann warmhalten.

Für die Köfte Zwiebel schälen und fein würfeln, dann in einer Pfanne in Olivenöl anschwitzen. Den Knoblauch schälen, fein hacken und gemeinsam mit der Petersilie kurz mitbraten. Alles zu dem gedämpften Einkornschrot geben. Mit den restlichen Gewürzen abschmecken und mit dem Glutenmehl zu einer homogenen Masse verarbeiten. Mit nassen Händen kleine Bällchen (ca. 60 g schwer) formen und diese im DG auf einem ungelochten geölten Garblech bei 100° C für 15 Minuten dämpfen.

Die Köfte gemeinsam mit der Linsen-Tomaten-Sauce und den frischen Majoran- oder Oreganozweigen anrichten.

Trotz ähnlicher Bezeichnung sind Kreuzkümmel und Kümmel nicht näher verwandt. Beide gehören unterschiedlichen Gattungen an, und sie schmecken auch verschieden. Kreuzkümmel (oder Cumin) hat einen intensiven und unverwechselbaren Geschmack und Geruch, was von dem in den Samen enthaltenen Cuminaldehyd kommt. Den Kreuzkümmel immer erst spät zum Kochvorgang zugeben, da sich bei langer Kochzeit seine Intensität verringert.

200 g Einkornschrot
500 ml Gemüsebrühe
1 Zwiebel
2 EL Olivenöl
1 Knoblauchzehe
2 EL frische Petersilie, grob gehackt
½ TL Salz
½ TL Kreuzkümmel
½ TL Majoran
Pfeffer
60 g Glutenmehl

SAUCE
800 g Linsen (dampfgegart, Dose)
400 g Tomaten, gewürfelt (Dose)
1 Zwiebel
2 Knoblauchzehen
2 EL Olivenöl
½ TL Oregano
½ TL Salz
Pfeffer
frische Oregano- oder Majoranzweige
    zum Garnieren

Köfte sind gut vorzubereiten und können am nächsten Tag kalt als Snack mit Salat genossen werden.

Schwarzwurzeln in Teecreme

Geht schnell!

Zubereitungszeit: 25 Minuten
Garzeit: 15 Minuten

Die Schwarzwurzel ist wie der Spargel ein ideales Gemüse für die Zubereitung im Dampfgarer. Die Tatsache, dass das Gargut nur von Wasserdampf umschlossen und somit nicht ausgelaugt wird, ist von größtem Vorteil für den Geschmack und für den Erhalt der Wirkstoffe. Die Schwarzwurzel ist äußerst kalorienarm und hat pro 100 g gerade einmal 16 Kalorien. Das Kohlehydrat Inulin, das die Schwarzwurzel enthält, wirkt sich außerdem gut auf die Verdauung aus.

Die Schwarzwurzeln schälen (wie unten beschrieben) und in 3 cm lange Stücke schneiden. Bis zur Weiterverarbeitung in Zitronenwasser legen. In den Wasserbehälter des DG 2 EL Essig geben.

Die Schwarzwurzeln aus dem Zitronenwasser heben und in einen ungelochten Garbehälter geben. Bei 100° C 15 Minuten dämpfen.

In der Zwischenzeit die Gemüsebrühe zum Kochen bringen, den Teebeutel hinzufügen und gute 10 Minuten ziehen lassen. Dann Sauerrahm und Senf mit einem Pürierstab kurz unterrühren, mit Salz und Pfeffer würzen und zugedeckt warmhalten (nicht mehr kochen).

Nun die Schwarzwurzeln aus dem DG nehmen, mit der Teecreme vermengen und die Kräuter unterheben.

Dazu passen Kartoffeln oder selbst gebackenes, frisches Brot.

800 g Schwarzwurzeln
1 Zitrone (Saft)
1 ½ l Wasser
2 EL Essig
500 ml Gemüsebrühe
1 Beutel Kräutertee (beliebige Kräutermischung)
200 ml Sauerrahm
½ TL Senf (mittelscharf)
½ TL Salz
Pfeffer
½ Bd. Petersilie, fein gehackt
½ Bd. Schnittlauch, klein geschnitten

Über die **Schwarzwurzel** *und ihre Zubereitung:*
1. *Die Schwarzwurzel verfärbt und verklebt durch ihren gelblichen Milchsaft die Hände beim Schälen. Ziehen Sie deshalb unbedingt Einweghandschuhe an!*
2. *Die Schwarzwurzel oxidiert in Verbindung mit Sauerstoff und verfärbt sich nach dem Schälen braun. Um das zu vermeiden, geben Sie die geschälte und portionierte Schwarzwurzel sofort in eine Schüssel mit Zitronenwasser. Vermischen Sie dazu 1,5 l Wasser mit dem Saft einer Zitrone.*
3. *Fügen Sie beim Befüllen des Wasserbehälters im Dampfgarer 2 EL Essig hinzu und wärmen Sie das Gerät wie gewohnt auf 100° C vor. Nicht vergessen: Essigwasser danach entleeren!*

Wenn Sie in die Tee-Gemüsebrühe noch etwas Essig geben und eine geschälte ganze Knoblauchzehe mitziehen lassen, ergibt das einen lauwarm oder kalt zu servierenden Schwarzwurzelsalat.

Lauwarmer roter Reissalat mit Cranberrys

Zubereitungs- und Garzeit: ca. 40 Minuten

Der rote Naturreis ist bei uns meist der „Camargue-Reis" und im Reformhaus erhältlich. Er besticht mit seinem erdigen und „tonigen" Geschmack, was ehrlicherweise gewöhnungsbedürftig, aber auch unvergleichlich ist. Einmal als solches erkannt, ist diese Sorte unersetzlich und ideal in Kombination mit Süßsaurem. Im hier vorliegenden Rezept geht der rote Reis mit dem leicht scharfen Geschmack der Frühlingszwiebel und der süßsauren Marinade eine interessante Verbindung ein.

Den Reis waschen, in einen ungelochten Garbehälter geben, mit der Gemüsebrühe aufgießen und im DG bei 100° C 35 Minuten dämpfen. Den Reis etwas überkühlen lassen.

Währenddessen das Wasser in einem Topf erhitzen und den Teebeutel darin 10 Minuten ziehen lassen. Nach ca. 5 Minuten die Cranberrys zum Tee geben und mitziehen lassen. Cranberrytee mit Himbeeressig, Hanf- oder Olivenöl sowie Salz und Pfeffer abschmecken. Die Frühlingszwiebel in feine Röllchen schneiden und die Petersilie grob hacken. Die Hanfnüsse in einer Pfanne trocken hell anrösten.

Den überkühlten Reis mit dem Cranberrytee, den Frühlingszwiebelröllchen und gerösteten Hanfnüssen vermischen und mit der gehackten Petersilie bestreut servieren.

150 g roter Camargue-Reis
300 ml Gemüsebrühe oder Wasser
100 ml Wasser
1 Beutel Grüntee
100 g Cranberrys (getrocknet)
2 EL Himbeeressig
5 EL Hanföl oder Olivenöl
½ TL Salz
Pfeffer
1 Bd. Frühlingszwiebel
½ Bd. Petersilie
50 g geschälte Hanfnüsse (oder Mandelstifte)

Himbeeressig selbst gemacht:
100 g frische Himbeeren in eine verschließbare hohe Flasche geben und mit 500 ml weißem Balsamicoessig übergießen. Im verschlossenen Zustand drei Wochen (idealerweise auf dem Fensterbrett) nicht zu kalt stehen lassen.

Himbeeressig eignet sich wunderbar zum Ablöschen von scharfen Saucen und als Marinade für sämtliche Salate.

Getrüffeltes Topfen-Steinpilz-Küchlein

Zubereitungszeit: ca. 25 Minuten
Garzeit: 30 Minuten

Steinpilze haben von Mitte Juni bis Ende September Saison, weswegen sie dann frisch und somit geschmacksintensiv erhältlich (oder zu finden) sind. Getrocknet oder eingelegt sind sie aber das ganze Jahr über verfügbar. Der eindeutige und typische Pilzgeschmack macht den Steinpilz zum wohl beliebtesten Speisepilz und hat auch in der gehobenen Gastronomie einen großen Stellenwert.

Die frischen Steinpilze putzen und klein schneiden. (Getrocknete Pilze ca. 30 Minuten in reichlich Wasser einweichen, dann abgießen.) Die Zwiebel schälen und in feine Würfel schneiden. In einer Pfanne das Olivenöl erhitzen und die Zwiebelwürfel darin glasig anschwitzen. Nun die Steinpilze dazugeben und so lange bei niedriger Hitze anbraten, bis kein Saft mehr austritt. Jetzt mit den Kräutern abschmecken, den fein gehackten Knoblauch dazugeben und mit Trüffelöl, Salz und Pfeffer würzen. Alles kurz durchschwenken, die Petersilie untermengen und beiseite stellen.

Danach die Eier trennen und die Eiklar mit einer Prise Salz steif schlagen. 100 g der zimmerwarmen Butter schaumig rühren und die Eidotter einzeln unterheben. Die kalte Pilzmasse, den Topfen, den Dinkelgrieß und die Eiklar unterziehen.

Die Souffléförmchen mit der restlichen Butter ausstreichen und die Masse einfüllen. Im DG bei 95° C 30 Minuten dämpfen.

Dazu passt knackiger grüner Salat.

Die fertige, in Förmchen gefüllte Soufflémasse mit Frischhaltefolie bedeckt in den Tiefkühler geben. Mindestens 6 Stunden oder auch über Nacht tiefkühlen. Bei gefrorenen Soufflés erhöht sich die Garzeit um ca. 8 Minuten.

150 g frische Steinpilze (oder 60 g getrocknete)
1 Zwiebel
1 EL Olivenöl
¼ TL Majoran
¼ TL Thymian
1 Knoblauchzehe
1 Tropfen Trüffelöl
Salz
Pfeffer
1 TL frische Petersilie, gehackt
5 Eier
120 g Butter
500 g Topfen
100 g Dinkelgrieß
4 Souffléförmchen

Trüffelöl ist sehr geschmacksintensiv. Die Dosierung richtet sich eher nach dem persönlichen Geschmacksempfinden. Verwenden Sie Trüffelöl zum ersten Mal, lieber sparsam einsetzen.

Veggie-Fisch

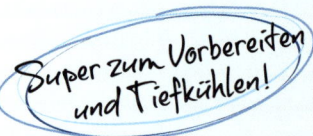

Super zum Vorbereiten und Tiefkühlen!

Probleme sind dazu da, sie zu lösen, sagt man. So suchten wir nach einer Alternative für Fischliebhaber, die sich vegetarisch ernähren möchten. Und wir haben sie gefunden! Unser „Veggie-Fisch" lässt sich entweder aus Dinkel-Noriblatt-Masse oder – bei Glutenunverträglichkeit – aus Süßlupinen-Algen-Masse zubereiten. Sie werden begeistert sein. Übrigens: Veggie-Fisch ist weit davon entfernt, als geschmackloses Gericht für Schlankheitsfanatiker abgetan zu werden. Es ist ein Genuss der Extraklasse. Let's fish!

Zubereitungszeit: ca. 30 Minuten, Garzeit: 15 Minuten

DINKEL-NORIBLATT-MASSE

Zitronenzesten, Kardamom, Koriander und Pfefferkörner in ein Tee-Ei geben. Zwei Noriblätter in 400 ml Wasser 4 Minuten einweichen und ausdrücken. Den Dinkelgrieß mit dem Einweichwasser, Salz, dem Tee-Ei und den Petersilienstängeln in einen ungelochten Garbehälter geben und im DG bei 100° C 15 Minuten dämpfen.

Danach das Tee-Ei und die Petersilienstängel entfernen und leicht überkühlen lassen. Die Dinkelgrießmischung in eine größere Schüssel umfüllen und mit dem Sauerrahm und dem Glutenmehl sehr gut vermengen (bis die Masse richtig teigig ist).

Nun zwei je 40 cm lange Stücke Frischhaltefolie vorbereiten und diese mit 1 EL Olivenöl einseitig bestreichen.

Den Dinkelteig auf einem Stück Frischhaltefolie mittig auflegen. Die zweite vorbereitete Frischhaltefolie mit der eingeölten Seite nach unten darüber legen. Dann den Dinkelteig mit einem Nudelholz ca. 1 cm dick rechteckig (ca. 20 x 35 cm) auswalken. Die obere Frischhaltefolie entfernen und die ausgedrückten Noriblätter gleichmäßig auf dem unteren Rand des Dinkelteiges auflegen. Mithilfe der Frischhaltefolie zu einer Rolle drehen (wie beim Einrollen eines Biskuitteiges).

Danach die restlichen zwei Noriblätter anfeuchten und die Dinkelrolle darin einwickeln. Jetzt einen ungelochten Garbehälter mit 2 EL Olivenöl ausstreichen und den Veggie-Fisch darauflegen. Im DG bei 100° C 15 Minuten dämpfen.

200 g Dinkelgrieß
4 Noriblätter
400 ml Wasser
½ Zitrone (Schale)
1 Msp. Kardamom gemahlen
1 Msp. Koriander gemahlen
5 Pfefferkörner
½ TL Salz
2 Stängel Petersilie (ohne Blätter)
2 EL Sauerrahm
40 g Glutenmehl
3 EL Olivenöl
Frischhaltefolie

Zubereitungszeit: ca. 30 Minuten, Garzeit: 30 Minuten

SÜSSLUPINEN-ALGEN-MASSE

Zuerst die Wakame-Algen nach Packungsanleitung vorbereiten.
Daraufhin die Wakame mit dem Wasser im Mixer fein pürieren. Danach in ein feinmaschinges Sieb geben, abtropfen lassen (die Algen lassen sich nur unter Zugabe von Wasser fein pürieren).
Die Gemüsebrühe erhitzen und den Süßlupinenschrot damit übergießen. Mit Sojasauce, Zitronenzesten, Kräutern, Salz und Pfeffer würzen. Abkühlen lassen. Anschließend die Algen aus dem Sieb dazugeben, den Saft einer halben Zitrone hinzufügen, und mit dem Reismehl zu einem Teig verkneten. Den Teig 10 Minuten rasten lassen und danach zu einer Rolle (ca. 25 cm lang, 4 cm ø) formen.

Nun ein Stück Frischhaltefolie mit 40 cm Länge vorbereiten und mit Olivenöl einseitig bestreichen. Die Rolle am unteren Ende der Folie auflegen. Nun eher locker einwickeln (die Masse geht noch etwas auf).
Die Algen-Süßlupinen-Rolle auf ein gelochtes Garblech geben und im DG bei 100° C 30 Minuten dämpfen.

Zum Servieren den Veggie-Fisch in breite Medaillons schneiden und mit bunten Salaten, mit Pasta oder Reis servieren.

Der Veggie-Fisch aus Dinkel-Noriblatt-Masse wird bis zum Dämpfen vorbereitet. Dann ein Stück Frischhaltefolie mit Olivenöl bestreichen und die in Noriblätter gewickelte Dinkelrolle auflegen und einwickeln. Tiefkühlen.
Bei Bedarf direkt aus dem Tiefkühler in den DG geben und bei 100° C 18 Minuten dämpfen.

Den Veggie-Fisch aus Süßlupinen-Algen-Masse als bereits in Frischhaltefolie gewickelte Rolle in den Tiefkühler geben.
Bei Bedarf direkt aus dem Tiefkühler in den DG geben und bei 100° C 18 Minuten dämpfen.

300 g Süßlupinenschrot
20 g Wakame
250 ml Wasser
600 ml Gemüsebrühe
1 EL Sojasauce
1 Zitrone (Schale + Saft)
1 EL Kräuter (Petersilie, Thymian und Koriander)
Salz
Pfeffer
30 g Reismehl
1 EL Olivenöl

Noriblätter sind Algenblätter und im Fachhandel erhältlich. Sie werden auch zur Sushiherstellung verwendet. **Wakame** *sind getrocknete braune Meeresalgen mit würzig-aromatischer Note. Sie gibt es als Instantprodukt.*

Hokkaido-Kürbis mit Räuchertofu

Ideal für Gäste!

Zubereitungszeit: ca. 45 Minuten
Garzeit zur Fertigstellung: 18 Minuten

Man kennt Kürbis, und man kennt Räuchertofu. Aber vermutlich nicht in unserer einzigartigen Kombination mit Zartweizen, Datteln und Spinat! Dieses ist eines jener Rezepte, das Sie nicht hungrig lesen sollten ... Schon die Vorfreude lässt einem das Wasser im Mund zusammenlaufen. Praktisch ist, dass der Hokkaido-Kürbis nicht geschält werden muss. Er wird mitsamt der Schale verzehrt und ist damit besonders schmackhaft. Und sein kräftiges Rotorange mit Sicherheit ein Blickfang!

Den Hokkaido achteln und von den Kernen befreien. Die Zwiebel und den Knoblauch schälen und in feine Würfel schneiden. Die Datteln entkernen und grob hacken. Den Zartweizen mit der Gemüsebrühe in einen ungelochten Garbehälter geben und im DG bei 100° C 18 Minuten dämpfen.

Den Blattspinat auf ein gelochtes Garblech geben und während der letzten 10 Minuten unter (!) das Blech mit Zartweizen geben. (Sonst tropft die Spinatflüssigkeit auf den Zartweizen.)

In der Zwischenzeit den Räuchertofu in kleine Würfel schneiden. In einer Pfanne Olivenöl erhitzen und die Zwiebel glasig anschwitzen. Jetzt den Knoblauch, die Datteln und den Räuchertofu dazugeben, kurz anbraten und zur Seite stellen.

Den Zartweizen und den Spinat aus dem DG nehmen. Den Zartweizenmasse ca. 8 Minuten nachquellen lassen, den Spinat gut ausdrücken und grob schneiden. Danach den Spinat zum Zartweizen geben, mit Salz, Pfeffer und Chilipulver würzen und mit dem Ei und dem Reismehl so vermengen, dass eine gute Bindung entsteht.
Nun die Kürbisspalten auf ein ungelochtes Garblech geben, die Räuchertofu-Mischung gleichmäßig darauf verteilen und zum Schluss die Zartweizenmasse darübergeben.

Für die Kruste die Butter leicht erwärmen und mit den Semmelbröseln, dem Rosenpaprika und dem geriebenen Cheddar gut vermengen. Mit nassen Händen auf den Zartweizen streichen.

Die so vorbereiteten Kürbisspalten im DG bei 100° C 18 Minuten dämpfen.

Dazu passen die geschmorten Aromatomaten von Seite 84.

Sollten Sie Gäste erwarten, bereiten Sie dieses Gericht bis zum Aufstreichen der Bröselmasse vor. Danach kühl stellen und zum benötigten Zeitpunkt in den DG geben.

1 kg Hokkaido
1 Zwiebel
2 Knoblauchzehen
50 g Datteln
200 g Zartweizen
400 ml Gemüsebrühe
100 g Blattspinat (TK)
100 g Räuchertofu
2 EL Olivenöl
½ TL Salz
Pfeffer
1 Msp. Chilipulver
1 Ei
80 g Reismehl

KRUSTE
100 g Semmelbrösel
80 g Cheddarkäse
1 Msp. Rosenpaprika
50 g Butter

Nur der Hokkaido-Kürbis kann ungeschält verwendet werden. Andere Kürbissorten muss man schälen.

Vegetarisch liebt
Hülsenfrüchte

Asia-Nudeln mit Linsenbällchen

Zubereitungszeit: ca. 35 Minuten
Garzeit zur Fertigstellung: 10 Minuten

Asiatische Gerichte bestechen durch ihre zahlreichen Aromen. Auch dieses Gericht: die Saucenzutaten wie Soja, Ingwer, Knoblauch, Limetten, Chili und gesalzene Erdnüsse sorgen für wahre Geschmacksexplosionen. Für Liebhaber der Thaiküche ein Essen mit Wow-Faktor!

Den Chinakohl vom Strunk befreien, grob zerteilen und im DG bei 100° C 5 Minuten blanchieren. Danach sofort kalt abspülen, um die Farbe zu erhalten.

Die Berglinsen abspülen und in eine ungelochte Garschale geben. Die Haferflocken und die Gemüsebrühe zu den Linsen geben und im DG bei 100° C 18 Minuten dämpfen.

Die Garschale aus dem DG nehmen und den Inhalt in eine Schüssel umfüllen. Knoblauch schälen und gemeinsam mit dem Ingwer fein hacken. Die Hälfte von dem Knoblauch-Ingwer-Gemisch, das Ei und das Reismehl zu den Linsen geben und untermengen. Mit Salz würzen und mit nassen Händen aus der Masse kleine Knödel formen. Diese auf ein mit 2 EL Olivenöl ausgestrichenes gelochtes Garblech geben und im DG bei 100° C 10 Minuten dämpfen.

Die Mie-Nudeln laut Packungsanleitung zubereiten, danach kalt abspülen.

Jungzwiebel in feine Ringe schneiden und Erdnüsse grob hacken.
In einer großen Pfanne die restlichen 2 EL Olivenöl erhitzen. Die Nudeln 4 Minuten braten, dann Jungzwiebeln, Chinakohl, Sojasauce, übriges Knoblauch-Ingwer-Gemisch, Erdnüsse, Chilisauce und Limettensaft untermengen. Alles gut 3 Minuten unter Rühren weiterbraten.

Die Linsenbällchen auf den Nudeln anrichten.

1 Chinakohl (ca. ½ kg)
200 g Berglinsen
80 g Haferflocken
350 ml Gemüsebrühe
2 Knoblauchzehen
30 g Ingwer (ca. 3 cm)
1 Ei
1 EL Reismehl
1 TL Salz
4 EL Olivenöl
250 g Mie-Nudeln
2 Jungzwiebeln
50 g Erdnüsse gesalzen
3 EL Sojasauce
100 ml Chilisauce
2 EL Limettensaft

Mais-Mango-Gemüse mit Bohnensteak

Geht schnell!

Zubereitungszeit: ca. 20 Minuten
Garzeit: 15 Minuten

Hier feiert sich die vegetarische Küche in ihrer ganzen Vielfalt. Aber Vorsicht: Es handelt sich um ein Gericht mit Suchtfaktor! Der Mais-Mango-Mix schmeckt nach mehr und das Steak aus Bohnen ist das Tüpfelchen auf dem i. Das Fest kann beginnen!

Die Zwiebel und den Knoblauch schälen und fein schneiden. In einer Pfanne 2 EL Olivenöl erhitzen und Zwiebel und Knoblauch darin anschwitzen. Danach den Koriander, das Chilipulver und den Oregano dazugeben und kurz mitbraten. Dann beiseite geben.

Die Bohnen mit einem Kartoffelstampfer zerdrücken, 40 g Semmelbrösel, Ei, Estragonsenf, Ricotta sowie die Zwiebel-Knoblauch-Mischung dazugeben und mit Salz und Pfeffer abschmecken.
Dann die restlichen Semmelbrösel mit dem Paprikapulver mischen.
Aus der Bohnenmasse „Steaks" formen und einseitig in die gewürzten Semmelbrösel drücken. Auf ein mit 2 EL Olivenöl ausgestrichenes ungelochtes Garblech geben und im DG bei 100° C 15 Minuten dämpfen.

In der Zwischenzeit die Mango schälen, das Fruchtfleisch vom Stein lösen und in Würfel schneiden. Den Knoblauch schälen und fein hacken, die Paprika in Streifen sowie die Jungzwiebeln in Ringe schneiden.

In einer Pfanne Olivenöl erhitzen und zuerst die Paprikastreifen, dann die Maiskörner mit dem Knoblauch und zum Schluss die Jungzwiebeln untermengen. Mit Oregano und Salz würzen und alles kurz anbraten. Jetzt die Mangowürfel dazugeben und mitschwenken.

Das Gemüse auf den Tellern verteilen und gemeinsam mit den Bohnensteaks anrichten.

500 g Kidneybohnen (gekocht, abgespült)
250 g Ricotta
1 Zwiebel
2 Knoblauchzehen
4 EL Olivenöl
2 EL frischer Koriander (oder Petersilie), fein gehackt
1 TL Chilipulver
¼ TL Oregano
80 g Semmelbrösel
1 Ei
1 TL Estragonsenf
Salz
Pfeffer
1 TL Rosenpaprika

1 große Mango
200 g Maiskörner
2 Knoblauchzehen
2 Paprika rot
2 Jungzwiebeln
2 EL Olivenöl
¼ TL Oregano
Salz

Kohlsprossen-Bulgur-Pilaw

Zubereitungszeit: ca. 20 Minuten

Bulgur ist ein Hauptnahrungsmittel in der orientalischen Küche und wird wie Coucous, hauptsächlich als Salat zubereitet, verzehrt. Hier geht der Bulgur eine Liaison mit den Kohlsprossen ein, und die Geschichte findet – unterstützt durch feuriges Joghurt – ein Happy End. Die passen zueinander, weshalb einer harmonischen Beziehung nichts im Wege steht. Der Couscous wird vor Neid platzen!

Den gewaschenen Bulgur mit der Gemüsebrühe in einen ungelochten Garbehälter geben. Dann die Kohlsprossen putzen, auf ein gelochtes Garblech legen und zeitgleich mit dem Bulgur in den DG geben. Wichtig: Die Kohlsprossen unter dem Bulgur platzieren.
Alles zusammen bei 100° C 6 Minuten dämpfen.

Die Mandelblättchen in einer Pfanne trocken rösten, in eine Schale umfüllen und zur Seite stellen.

Die Kohlsprossen aus dem DG nehmen, nur den Bulgur zum Nachquellen im DG belassen. Nun die Kohlsprossen kalt abspülen und halbieren.

Die Zwiebel schälen und fein würfeln. In der Pfanne Olivenöl erhitzen und die Zwiebelwürfel darin glasig anschwitzen. Die Kohlsprossen dazugeben, mit dem Currypulver würzen und kurz mitbraten. Jetzt den Bulgur aus dem DG nehmen, mit Salz abschmecken und zu den Kohlsprossen in die Pfanne geben.

Das Joghurt mit der Harissapaste verrühren und in eine Anrichteschale füllen.

Den Bulgur-Pilaw auf die Teller verteilen, die Mandelblättchen darüberstreuen und mit dem Joghurt servieren.

150 g Bulgur
300 ml Gemüsebrühe
500 g Kohlsprossen
40 g Mandelblättchen
1 Zwiebel
3 EL Olivenöl
1 TL gelbes Currypulver
Salz
250 g griechisches Joghurt
2 TL Harissapaste (oder Sambal Oelek)

Die Harissapaste stammt ursprünglich aus dem Maghreb und besteht aus Chili, Kreuzkümmel, Koriandersamen, Knoblauch, Salz und Olivenöl. Wenn Sie es scharf lieben, nehmen Sie die tunesische Harissapaste, sie hat den höchsten Chilianteil. Harissapaste können Sie in Suppen, Saucen, Teig- und Reisgerichten, Couscous- und Bulgurgerichten und sogar als Brotaufstrich verwenden!

Joghurt selbst gemacht - siehe Seite 96.

Kichererbsencurry mit Dattelreis

Zubereitungszeit: ca. 25 Minuten
Garzeit: 25 Minuten

Die Kichererbse ist die Seele des Hummus und ist im Handel in roher und dampfgegarter Form (Dose und Glas) erhältlich. Rohe Kichererbsen empfehlen wir aufgrund des unverdaulichen Giftstoffs Phasin und des Bitterstoffes Saponin vor Verwendung sorgfältig zu waschen. Idealerweise weichen Sie die Kircherbsen circa 8 Stunden oder über Nacht in reichlich Wasser ein. Danach wird das Einweichwasser weggeschüttet, die Kichererbsen nochmals abgespült und anschließend im Dampfgarer gegart. Diese Prozedur ersparen Sie sich beim Kauf von bereits gegarten Kichererbsen.

Wir haben für Sie ein Rezept vorbereitet, das unterschiedliche Kulturen vereint. Die Kichererbse aus Marokko, der Curry aus Indien, die Dattel aus Israel und der Reis aus Südasien werden Ihre Geschmacksnerven verzaubern!

Karotten schälen, Zucchini waschen, Zwiebel schälen, Paprika waschen und entkernen und alles in kichererbsengroße Stücke schneiden. In einem dampfgargeeigneten Topf Olivenöl erhitzen und das Gemüse darin anschwitzen. Danach den Kreuzkümmel und das Currypulver beigeben, kurz mitbraten und mit der Kokosmilch ablöschen. Jetzt die Kichererbsen und die restlichen Gewürze beigeben, ein Mal aufkochen lassen. Dann den Topf auf den Gitterrost geben und im DG bei 100° C 25 Minuten dämpfen.

Währenddessen für den Dattelreis die Datteln entsteinen und in feine Streifen schneiden. Die Zwiebel schälen und fein würfeln. In einer Pfanne Olivenöl erhitzen und die Zwiebel darin glasig anschwitzen. Nun die Dattelstreifen dazugeben und kurz durchschwenken. Den Reis in einen ungelochten Garbehälter geben, mit der Gemüsebrühe aufgießen, die Zwiebel-Dattel-Mischung dazugeben, kurz umrühren und nach 5 Minuten zum Kichererbsencurry in den DG geben.

Nach Ende der Garzeit das Joghurt unter das Kirchererbsencurry rühren und dieses gemeinsam mit dem Dattelreis anrichten.

400 g Kichererbsen (gegart)
2 Karotten
1 Zucchini
1 Zwiebel
1 Paprika rot
1 Paprika grün
2 EL Olivenöl
¼ TL Kreuzkümmel (Cumin)
½ TL Curry Japur (roter Curry bzw. rote Currypaste)
400 ml Kokosmilch
125 ml Joghurt
1 Msp. Nelkenpulver
1 Msp. Zimt
Salz
Pfeffer

200 g Datteln (bevorzugt Medjoul-D.)
½ Zwiebel
2 EL Olivenöl
150 g Basmatireis
300 ml Gemüsebrühe

Wenn Sie rote und grüne Paprika nicht zur Hand haben oder nicht vertragen, einfach weglassen.

Hummusmedaillons

Auch für Veganer!

Zubereitungszeit: ca. 30 Minuten
Garzeit: 15 Minuten

Die passierte Form der Kichererbse ist der Hummus. Auch hier ist das Ausgangsmaterial die bereits gegarte Hülsenfrucht. Verwenden Sie für dieses Rezept keinen fertigen Hummus, diesem fehlt die notwendige Festigkeit.

Zwiebel und Knoblauch schälen und fein hacken. In einer Pfanne 2 EL Olivenöl erhitzen und beides glasig anschwitzen. Zum Auskühlen beiseite stellen.

Nun die Kichererbsen zusammen mit 3 EL Olivenöl, dem Ei und dem Zitronensaft mithilfe eines Mixstabs pürieren. Die abgekühlte Zwiebel-Knoblauch-Mischung und die Semmelbrösel beigeben, alles mit Petersilie, Kreuzkümmel, Chilipulver, Salz und Pfeffer würzen und verrühren. (Bei einer zu weichen Masse fügen Sie mehr Semmelbrösel hinzu). 15 Minuten rasten lassen.

Danach aus der Masse Medaillons formen. Ein ungelochtes Garblech mit 2 EL Olivenöl ausstreichen und die Medaillons im DG bei 100° C 15 Minuten dämpfen.

Servieren Sie zu den Hummusmedaillons einen Joghurt-Knoblauch-Dip mit Salat oder geschmorte Aromatomaten.

400 g Kichererbsen (gegart)
1 Zwiebel
1 Knoblauchzehe
7 EL Olivenöl
1 Ei
1 EL Zitronensaft
80–100 g Semmelbrösel
2 EL frische Petersilie, gehackt
½ TL Kreuzkümmel
1 Msp. Chilipulver
Salz
Pfeffer

Geschmorte Aromatomaten:
Backrohr auf 130° C Umluft vorheizen. Ein Backblech mit Backpapier belegen. Cocktailtomaten halbieren und mit der Schnittfläche nach oben auflegen. Mit Olivenöl beträufeln und mit Salz würzen. Tomaten ca. 1 Stunde schmoren, bis sie karamellisieren. Ein unvergessliches Tomatenaroma!

Blattspinat-Kichererbsen-Terrine

Zubereitungszeit: ca. 30 Minuten
Garzeit: 18 Minuten

Terrinen sind nicht nur schön anzusehen und leicht portionierbar, sie haben auch etwas vom Anspruch der Nouvelle Cuisine und kommen dabei ganz ohne Teig aus. Terrinen sind wie geschaffen für die Zubereitung im Dampfgarer. Durch das Umschließen des Gargutes mit Dampf ist alles saftig und – das optisch Wichtigste – die Farben der Zutaten bleiben erhalten. Was Sie sagen werden, wenn dann die Schönheit von Blattspinat-Kichererbsen-Terrine auf dem Teller liegt? „C'est magnifique!"

Die Kichererbsen mit einer Gabel oder einem Kartoffelstampfer zerdrücken. Zum Auftauen den Blattspinat mit kaltem Wasser abspülen, in eine Schüssel geben und durch Zufügen von etwas Wasser grob mixen. Danach abseihen und gut ausdrücken. Den Knoblauch schälen und fein hacken. Die zerdrückten Kichererbsen mit Knoblauch, 3 EL Olivenöl, Estragonsenf, Majoran, Reismehl sowie Salz und Pfeffer gut vermischen. Ein Drittel der Masse mit dem Blattspinat vermengen. Das Tomatenmark in die restliche Kirchererbsenmasse rühren, und diese zu einer Rolle (ca. 25 cm lang, 4 cm ø) formen.

Nun ein Stück Frischhaltefolie mit 40 cm Länge vorbereiten und mit 1 EL Olivenöl einseitig bestreichen. Den Blattspinat im unteren Drittel der Frischhaltefolie auflegen, die Frischhaltefolie von oben herunterklappen und mit einem Nudelholz dünn und rechteckig (ca. 25 x 12 cm) ausrollen. Die übergeschlagene Frischhaltefolie entfernen, die Blattspinatmasse mit etwas Wasser bepinseln, die Kirchererbsenrolle am unteren Ende darauflegen und mithilfe der Frischhaltefolie wie einen Strudel aufrollen. Nun die Rolle in der Frischhaltefolie locker verpacken (Inhalt geht noch etwas auf) und die Enden einschlagen. Auf einem gelochten Garblech im DG bei 100° C 18 Minuten dämpfen.

Nach dem Dämpfen die Terrine in der Frischhaltefolie auskühlen lassen und bis zur Verwendung im Kühlschrank aufbewahren.

Vor dem Servieren in Scheiben schneiden.

Dazu passen verschiedene Dips wie Sauerrahm-Kräuter-Dip, Guacamole oder Tsatsiki.

600 g Kichererbsen (gegart)
100 g Blattspinat (TK)
2 Knoblauchzehen
4 EL Olivenöl
1 TL Estragonsenf
½ TL Majoran
30 g Reismehl
Salz
Pfeffer
2 EL Tomatenmark
Frischhaltefolie

Rote Bohnen mit Polenta

Zubereitungszeit: ca. 30 Minuten
Garzeit: 30 Minuten

Rote Bohnen nennt man auch Indianer- oder Kidneybohnen. Achten Sie bei der Verwendung von Bohnen darauf, nie das Einweichwasser mitzuverwenden, da dies zu Blähungen führen kann. Der gemeinsame Auftritt der roten Bohnen mit Polenta, Knoblauch, Oregano und Chili gibt diesem Gericht eine rassige Note. ¡Viva México!

Für die Polenta die Gemüsebrühe, Butter und Salz in einen ungelochten Garbehälter geben und den Polentagrieß einrühren. Im DG bei 100° C 15 Minuten dämpfen. Danach noch heiß mit dem Sauerrahm vermengen, auf einem befeuchteten Backblech glatt aufstreichen und etwas überkühlen lassen.

In der Zwischenzeit die Zwiebel schälen und fein würfeln, die Knoblauchzehen schälen und fein hacken und die Pfefferoni in dünne Ringe schneiden. In einem Topf Olivenöl erhitzen, die Zwiebel glasig anschwitzen, den Pfefferoni hinzufügen, kurz mitbraten und zum Schluss den Knoblauch unterrühren. Jetzt die Tomatenstücke samt Tomatensauce dazugeben und mit den Gewürzen aufpeppen. Ein Mal aufkochen lassen und die Bohnen dazugeben.

Die Bohnen-Tomaten-Sauce in einen ungelochten Garbehälter füllen und die in Rechtecke geschnittene Polenta darauflegen. Nun den Parmesan über die Polenta reiben und alles im DG bei 100° C 30 Minuten fertig dämpfen.

Anstatt die Bohnen mit Polenta in die Auflaufform zu schichten, die Tomaten-Bohnen-Sauce so lange köcheln lassen, bis die Polenta fertig ist, dann einfach gemeinsam anrichten.

800 g Kidneybohnen (gegart, abgespült)
800 g geschälte Tomaten in Stücken (Dose)
1 Zwiebel
2 Knoblauchzehen
50 g Pfefferoni mild
2 EL Olivenöl
¼ TL Chilipulver (oder mehr, je nach Vorliebe)
1 TL Oregano
Salz
Pfeffer
80 g Parmesan

300 g Polentagrieß
600 ml Gemüsebrühe
50 g Butter
Salz
1 EL Sauerrahm

Ein echter Mexikaner nimmt natürlich statt Pfefferoni Jalapeños! Diese sind besonders scharf und geben dem Gericht den besonderen Pep! ¡Que le aproveche!

Pikantes Linsenragout

Auch für Veganer!

Zubereitungs- und Garzeit: ca. 45 Minuten

Linsen gibt es in den unterschiedlichsten Sorten. Im Handel bekannt sind Tellerlinsen, rote Linsen, Berglinsen, Beluga-Linsen, grüne und gelbe Linsen. Bei diesem Gericht empfehlen wir die Verwendung von Berglinsen, weil diese Sorte nicht eingeweicht werden muss und im Dampfgarer rasch zubereitet ist. Berglinsen sind im Fachhandel, aber auch in gut sortierten Supermärkten erhältlich.

Die Linsen waschen und in einen ungelochten Garbehälter geben. Die Gewürze, also Pfefferkörner, Piment, Lorbeerblatt, Thymian und Majoran, in ein Teesieb oder einen Teefilter füllen und zu den Linsen legen. Nun mit Wasser und Essig aufgießen und im DG bei 100° C 30 Minuten dämpfen.

In der Zwischenzeit die Gelben Rüben, die Karotten, die Petersilienwurzeln und die Sellerie schälen und in kleine Würfel schneiden. Das Wurzelgemüse auf ein gelochtes Garblech geben und die restlichen 10 Minuten zu den Linsen in den DG geben.

Die Linsen aus dem DG nehmen und abseihen, dabei den Linsensud auffangen. Diesen Sud in einem Standmixer (oder mit dem Mixstab) mit einem Drittel der Linsen zu einer cremigen Konsistenz mixen.

Nun die Zwiebeln und den Knoblauch schälen und fein hacken. In einem großen Topf Olivenöl erhitzen und beides darin glasig anschwitzen. Die Zitronenzesten hinzufügen, mit Senf würzen und mit dem Saft der ganzen Zitrone ablöschen. Die Petersilie fein hacken und dazugeben. Dann die gemixten Linsen und das Gemüse unterrühren, mit Salz abschmecken und 5 Minuten köcheln lassen. Zum Schluss den Sauerrahm unterrühren, das Linsenragout jetzt nicht mehr aufkochen.

Dazu passen Semmelknödel oder geschmorte Aromatomaten.
Das Rezept für die flaumigen Semmelknödel aus dem Dampfgarer finden Sie in unserem Buch „Das 1 x 1 des Dampfgarens" auf Seite 60. Jenes für die Aromatomaten hier auf Seite 84.

500 g Berglinsen
5 schwarze Pfefferkörner
5 Pimentkörner
2 Lorbeerblätter
¼ TL Thymian
¼ TL Majoran
4 EL Apfelessig
1 l Wasser
2 Gelbe Rüben
2 Karotten
2 Petersilienwurzeln
½ Sellerieknolle
2 Zwiebeln
2 Knoblauchzehen
2 EL Olivenöl
1 Zitrone (Schale + Saft)
1 TL Estragonsenf
½ Bd. frische Petersilie
Salz
200 g Sauerrahm (vegan: Sojajoghurt)

Hirsotto mit Pilzen und Heidelbeeren

Auch für Veganer!

Zubereitungs- und Garzeit: ca. 45 Minuten

Vorab ein Geständnis: Wir fanden Hirse im Soloauftritt fürchterlich langweilig. Kein Geschmack, fahlgelbe Farbe. Hilft man aber der Hirse ein bisschen auf die Sprünge und kombiniert sie mit unseren Waldaromen, wird sie plötzlich zu einem einzigartigen Aha-Erlebnis. Ausprobieren!

Die getrockneten Steinpilze in der Gemüsebrühe für ca. 15 Minuten einweichen.

Die Hirse heiß und kalt abspülen und in einen ungelochten Garbehälter geben. Nun die eingeweichten Steinpilze direkt über dem Garbehälter mit der Hirse abseihen. Das bedeutet, die Einweichflüssigkeit wird zum Garen der Hirse verwendet. Jetzt die Hirse im DG bei 100° C 20 Minuten dämpfen.

Zeitgleich die Zwiebel schälen und fein würfeln. Die Champignons putzen und grob schneiden. In einer Pfanne Olivenöl erhitzen und die Zwiebelwürfel darin glasig anschwitzen. Zuerst die ausgedrückten Steinpilze, dann die Champignons dazugeben und so lange braten, bis alles Wasser verdunstet ist. Jetzt mit Majoran, Thymian, Salz und Pfeffer würzen und mit dem Weißwein ablöschen. Etwas reduzieren lassen.
Knapp vor Garende der Hirse die Heidelbeeren beigeben und kurz erwärmen.

Das Hirsotto auf Tellern anrichten und die Pilz-Heidelbeer-Mischung darübergeben.

200 g Goldhirse
200 g Champignons
40 g Steinpilze, getrocknet
   (oder 100 g frische)
200 g Heidelbeeren
400 ml Gemüsebrühe
125 ml Weißwein
1 kleine Zwiebel
2 EL Olivenöl
¼ TL Majoran
¼ TL Thymian
Salz
Pfeffer

Hirse vor Verwendung unbedingt 1 x heiß und 1 x kalt abspülen! Dadurch verliert sie ihre Bitterstoffe (Saponine).

Riesenbohnen-Laibchen

 *geht schnell!*

Zubereitungszeit: ca. 20 Minuten
Garzeit: 15 Minuten

Bohnen sind vielseitig und gesund und vor allem für Vegetarier eine probate Eiweißquelle. Fest steht, dass sie durch den hohen Ballaststoffanteil auch einen hohen Sättigungsgrad aufweisen und eine gute Alternative zu Kartoffeln und Reis darstellen. Die Masse der Bohnenlaibchen wird zubereitet wie Kartoffelpüree, schmeckt aber viel besser! Diese Version hat einen toskanischen Touch.

Die Zwiebel und den Knoblauch schälen und in feine Würfel schneiden. In einer Pfanne 2 EL Olivenöl erhitzen und die Zwiebelwürfel darin glasig anschwitzen. Danach den Knoblauch, die gehackte Petersilie und den Majoran dazugeben und nochmals kurz durchschwenken. Die Bohnen mit dem Stabmixer fein pürieren und mit 40 g Semmelbrösel, Ei, Salz und Pfeffer, Estragonsenf und der Zwiebel-Knoblauch-Kräuter-Masse vermengen.

Die restlichen Semmelbrösel mit Chili mischen.

Aus der Bohnenmasse Laibchen formen und einseitig in das Semmelbrösel-Chili-Gemisch drücken. Mit dieser Seite nach oben auf ein mit 2 EL Olivenöl ausgestrichenes ungelochtes Garblech legen und im DG bei 100° C 15 Minuten dämpfen.

Mit Rucola anrichten.

500 g Riesenbohnen (Dose)
80 g Semmelbrösel
2 EL Ricotta
1 Zwiebel
2 Knoblauchzehen
4 EL Olivenöl
2 EL frische Petersilie
¼ TL Majoran
1 Ei
1 TL Estragonsenf
½ TL Chilipulver
Salz
Pfeffer

Köstlich dazu ist selbst gemachtes **Basilikum-Tomaten-Pesto**! *Sinnvoll ist, es auf Vorrat herzustellen und im Kühlschrank aufzubewahren. Mixen Sie 100 g eingelegte getrocknete Tomaten, 100 ml Olivenöl, 50 g geröstete Pinienkerne, 1 grob gehackte Knoblauchzehe, 1 Msp. Majoran, 1 Msp. Thymian, eine Handvoll frische Basilikumblätter, 20 g geriebenen Parmesan und Salz zu einer feinen Paste. Daraus ergeben sich etwa 300 ml Pesto.*

Wer die Riesenbohnen selbst dämpfen möchte, siehe „Dicke Bohnen mit Räuchertofu" auf Seite 124!

Homemade-Joghurt mit Harissa

Hier wird ein Geheimrezept gelüftet. Voilà! Die Herstellung eines eigenen, hausgemachten Harissajoghurts ist schließlich nicht alltäglich. Aber der Zeitaufwand lohnt sich! (Und Fritz denkt schon wieder über ein neues Geheimrezept nach.)

Die Gläser mit Deckel bei 100° C 15 Minuten im DG sterilisieren. Herausnehmen und auf ein sauberes Küchentuch geben.

Die Temperatur des DG auf 40° C reduzieren.

Die Vollmilch in einem Topf auf 38° C erwärmen. Danach die Milch mit dem Joghurt „impfen", das bedeutet, das Joghurt einrühren. Das Inulin dazugeben und umrühren.

In die sterilisierten Gläser je 1 EL Harissapaste füllen und mit der Milch-Joghurt-Mischung auffüllen. Die Deckel auf die Gläser legen, aber noch nicht verschließen. So in den bereits vorgewärmten DG geben und das Gerät unmittelbar danach ausschalten. Die Joghurtgläser verbleiben über Nacht im DG und dürfen nicht mehr bewegt werden.

Am nächsten Tag die Gläser gut verschließen und bis zum Gebrauch im Kühlschrank aufbewahren.

1 l Vollmilch
125 ml Joghurt (Fettanteil wie jener der Milch)
1 TL Inulin (Reformhaus)
4 EL Harissapaste
4 sterilisierte Joghurtgläser mit Deckel à 250 ml
1 Küchenthermometer

Wer ein sahniges Resultat haben möchte, verwendet 900 ml Vollmilch + 100 ml Schlagobers (+ Joghurt, s. o.). Natürlich können Sie bei dem obenstehenden Rezept auf die Zugabe der Harissapaste verzichten.

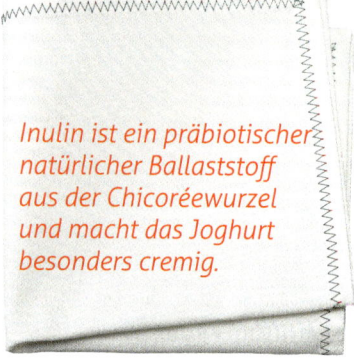

Inulin ist ein präbiotischer natürlicher Ballaststoff aus der Chicoréewurzel und macht das Joghurt besonders cremig.

Gemüse-Dampfata

Geht schnell!

Für 1 Portion
Zubereitungszeit: ca. 15 Minuten
Garzeit: 8 Minuten

Für sich allein zu kochen kann viel Freude bereiten – der Fantasie sind keine Grenzen gesetzt und man darf alles ausprobieren. Wenn es auch noch schnell gehen soll und man nicht einkaufen, sondern einfach den Kühlschrank um „Rat fragen" will, schickt dieses Gericht der Himmel.

Zwiebel und Knoblauch schälen und fein hacken. Paprika und Zucchini in kleine Würfel schneiden. Eine Keramikschüssel mit ca. 10 cm Durchmesser mit 1 EL Olivenöl ausstreichen und mit dem gemischten Gemüse befüllen. Im DG bei 100° C 3 Minuten blanchieren.

In der Zwischenzeit die Nüsse grob hacken und die Eier verschlagen. Die Ei-masse mit Salz, Pfeffer und den getrockneten Kräutern würzen und über das blanchierte Gemüse gießen. Alles vermischen und nochmals bei 100° C 8 Mi-nuten dämpfen.

Die frischen Kräuter fein hacken und über die fertige Dampfata streuen.

Mit Schwarzbrot genießen.

1 Paprika
1 kleiner Zucchini
1 Zwiebel
1 Knoblauchzehe
1 EL Olivenöl
3 Eier
Salz
Pfeffer
¼ TL Oregano
¼ TL Thymian

Wenn vorhanden:
50 g Walnüsse
1 EL geschälte Hanfnüsse oder
  Pinienkerne
1 EL Cashewkerne
1–2 Zweige frische Petersilie
1–2 Zweige frischer Basilikum

Die hier genannten Gemüsesorten sind Vorschläge. Ergänzen Sie nach Lust und Laune.

Gemüse-Couscous mit Banane

Für 1 Portion
Zubereitungzeit: ca. 12 Minuten
Garzeit: 12 Minuten

Couscous kocht sich praktisch von selbst und ist die simple Lösung für „keine Zeit zum Kochen". Die süße Banane und die scharfe Harissapaste vereint zu einem Geschmackshighlight geben dem Gericht den wahren Kick. Und Ihnen den Anstoß zu einem stilvollen Essen für sich allein! Eine hübsche Tischdeko dazu, und es speist sich gleich königlich.

Die Zwiebel schälen, in feine Würfel schneiden und gemeinsam mit dem (TK-) Gemüse in einen gelochten Garbehälter geben.
Den Couscous abspülen und mit der Gemüsebrühe samt Safranfäden, Sternanis, Kreuzkümmel, Salz und Pfeffer in einen ungelochten Garbehälter füllen. Beides im DG bei 100° C 12 Minuten dämpfen.

In der Zwischenzeit die Bananen schälen und in ca. 4–5 cm lange Stücke schneiden. Diese mit der Harissapaste bestreichen und zeitgleich in einer Pfanne die Butter aufschäumen. Die Bananen kurz darin schwenken.

Die Hanfnüsse in einer Pfanne trocken leicht rösten.

Den Couscous und das Gemüse aus dem DG nehmen und miteinander vermengen. Nochmals abschmecken und mit den Hanfnüssen und den Bananenstücken anrichten.

100 g Couscous
200 g Gemüse nach Wahl (TK)
200 ml Gemüsebrühe
½ Zwiebel
½ Pkg. Safranfäden
1 Stück Sternanis
1 Msp. Kreuzkümmel
Salz
Pfeffer

1 Banane
¼ TL Harissapaste
2 EL Butter (vegan: Margarine)
50 g geröstete Hanfnüsse (oder Pinienkerne)

Sind Banane und Harissapaste gerade nicht zur Hand, ersetzt man die Banane durch 1 EL Marillenmarmelde und peppt diese mit ¼ TL Chilipaste auf. Diese Mischung leicht erwärmen und zum Schluss über das Gericht träufeln.

Polentasuppe

Auch für Veganer!

Für 1 Portion
Zubereitungs- und Garzeit: ca. 20 Minuten

Ein Brei aus Maisgrieß wird in Italien Polenta genannt. Der leicht süßliche Eigengeschmack der Polenta passt zu vielen Gerichten und ist der perfekte Begleiter, wenn es schnell gehen oder nur für eine Person gekocht werden soll. Hier haben wir für Sie mit Begeisterung eine Suppe kreiert, bei der man ausnahmsweise froh sein darf, wenn man sie nicht teilen muss.

Zwiebel und Knoblauch schälen und fein würfeln. In einer Pfanne 2 EL Olivenöl erhitzen, die Zwiebel glasig anschwitzen, dann den Knoblauch dazugeben. Die Gemüsebrühe in einen ungelochten Garbehälter füllen und das Zwiebel-Knoblauch-Gemisch dazugeben. Den Polentagrieß einrühren und im DG bei 100° C 15 Minuten dämpfen.

Währenddessen die getrockneten Tomaten und die Kräuterseitlinge in Scheiben schneiden und die Petersilienblätter grob hacken. Nun in einer Pfanne die restlichen 2 EL Olivenöl erhitzen, die Kräuterseitlinge dazugeben und gut Farbe nehmen lassen. Danach die getrockneten Tomaten und die gehackte Petersilie kurz mitschwenken und salzen.

Die Polentasuppe aus dem DG nehmen, nochmals mit Salz und Pfeffer abschmecken und das Schlagobers einrühren.

Die Suppe anrichten, darauf die Kräuterseitling-Tomaten-Mischung verteilen.

20 g Polentagrieß
100 g Kräuterseitlinge
½ Zwiebel
1 Knoblauchzehe
4 EL Olivenöl
175 ml Gemüsebrühe
2 getrocknete Tomaten (eingelegt in Öl)
1–2 Zweige frische Petersilie
Salz
Pfeffer
4 EL Schlagobers

Kräuterseitlinge *sind die ideale Polenta-Begleitung, weil der frische Kräuter-Pilz-Geschmack dem Gericht eine feine Note verleiht. Sind keine Kräuterseitlinge zur Hand, einfach andere Pilze verwenden.*

Probieren Sie toskanisches Weißbrot zur Polentasuppe – passt ausgezeichnet!

Frucht-Gemüse-Spieß

Für 1 Spieß
Zubereitungs- und Garzeit: ca. 20 Minuten

Liegt zufällig noch ein Stück Mango herum, das nach sinnvoller Verwertung ruft? Und etwas Gemüse? Aufgeschnitten und kunterbunt auf einen Spieß gesteckt, ergibt das ein schnelles, fröhliches Essen. Genau Ihr Dinner for one! Variieren Sie dieses Rezept je nach Vorrat.

Das Gemüse waschen und mit der Mango in gleichmäßige Stücke schneiden. Auf einen Spieß stecken. Den Spieß in einen ungelochten Garbehälter geben und mit Salz und Pfeffer würzen. Im DG bei 100° C 6 Minuten dämpfen.

Zwischenzeitlich den Knoblauch schälen und fein hacken. In einem Topf die Gemüsebrühe erhitzen und den Knoblauch dazugeben. Die Gemüsebrühe mit Salz und Pfeffer abschmecken, dann die eiskalte Butter zügig einrühren.

Den Spieß aus dem DG nehmen und mit der Knoblauchsauce anrichten.

Dazu passen sehr gut Safranreis oder auch Couscous.

1 Jungzwiebel
1 Scheibe Mango (oder anderes Obst)
1 Champignon
3 Zuckererbsenschoten
2 Cocktailtomaten
1 Artischocke (aus dem Glas)
1 Spieß

SAUCE
100 ml Gemüsebrühe
1 Knoblauchzehe
20 g Butter, eiskalt (vegan: Margarine)
Salz
Pfeffer

Gebackene Kohlrabischnitzel

Geht schnell!

Für 1 Portion
Zubereitungs- und Garzeit: ca. 20 Minuten

In diesem Rezept kommt der Kohlrabi ganz groß raus. Wir finden, zu recht, denn oft fristet er ein eher unaufregendes Dasein auf dem Speiseplan. Dabei zählt er zu den vielseitigsten Gemüsesorten und ist, speziell mitsamt seinen jungen, zarten Blättern genossen, eine wahre Größe als Vitaminlieferant. Lernen Sie also den Kohlrabi von seiner besten Seite kennen!

Den Kohlrabi schälen, in gleichmäßige Scheiben schneiden, auf ein gelochtes Garblech legen und im DB bei 100° C 8 Minuten dämpfen.

Danach kalt abspülen und zum Abtropfen auf Küchenpapier legen. Das Ei mit dem Parmesan und etwas Salz verschlagen. Daraufhin eine Pfanne mit Olivenöl erhitzen. Nun die Kohlrabischeiben erst in Mehl, dann im Parmesan-Ei wenden und in der Pfanne goldgelb ausbacken.

1 Kohlrabi
50 g Dinkelmehl
50 g Parmesan, gerieben
1 Ei
Salz
4 EL Olivenöl

Die Kohlrabischnitzel passen perfekt als Ergänzung zu einer vegetarischen Variante der „Piccata milanese", also gemeinsam mit Spaghetti und Tomatensauce. Oder einfach zu einer großen Schüssel Salat serviert.

Veggie-Fisch auf Wokgemüse

Für 1 Portion
Zubereitungs- und Garzeit: ca. 25 Minuten

Sie haben etwas Veggie-Fisch im Vorrat? Und Sie haben wenig Zeit zum Kochen? Hervorragend, Ihr Abendessen ist gerettet! Gemeinsam mit dem Wokgemüse wird das ein schnelles Verwöhnprogramm.

Die Zwiebel schälen und in Streifen schneiden. Die Karotten schälen, die Paprika putzen und beides stifteln. Die Zuckerbsenschoten sowie die Sojasprossen waschen und abtropfen lassen. Den Ingwer schälen und klein schneiden.

Den Veggie-Fisch in zwei Scheiben schneiden und in einem ungelochten Garbehälter im DG bei 100° C 12 Minuten dämpfen.

Währenddessen in einer Pfanne Olivenöl erhitzen. Zuerst die Zwiebel mit dem Ingwer, dann die Karotten und die Paprika mit anbraten. Die Zuckerbsenschoten und die Sojasprossen hinzufügen. Mit der Sojasauce ablöschen und mit den Gewürzen abschmecken.

Das Wokgemüse mit dem Veggie-Fisch anrichten.

200 g Veggie-Fisch (siehe Seite 70/71)

1 rote Zwiebel
100 g Karotten
½ rote Paprika
50 g Zuckerbsenschoten
50 g Soja- oder Bambussprossen
30 g Ingwer (ca. 3 cm)
2 EL Olivenöl
1 EL Sojasauce
¼ TL Koriander
¼ TL Kreuzkümmel
¼ TL Salz
Szechuanpfeffer

Soll es ganz rasch gehen, verwenden Sie statt frischem Gemüse Wokgemüse aus dem Tiefkühlregal!

Vegetarisch nach
Hausmannsart

Rauchsalzsteak mit Brotkruste

Zubereitungszeit: ca. 20 Minuten
Garzeit: 18 Minuten

Bei diesem „multifunktionellen" Gericht können Sie besonders kreativ mit den Zutaten umgehen. Statt Bohnen können auch Kichererbsen oder Couscous oder andere gekochte Getreidekörner zum Einsatz kommen. Um dieser Speise den „bodenständigen" Racheffekt zu verleihen, verwenden wir Rauchsalz.

Die Bohnen mit dem Kartoffelstampfer zerkleinern. Die Zwiebel und die Knoblauchzehen schälen und klein würfeln. Jetzt in einer Pfanne 2 EL Olivenöl erhitzen und die Zwiebel darin glasig anschwitzen. Danach den Knoblauch hinzufügen. Die Wacholderbeeren mit einem Messer andrücken und mit dem Lorbeerblatt zum Zwiebel-Knoblauch-Gemisch geben. Kräftig anbraten. Die Wacholderbeeren und das Lorbeerblatt entfernen, den Rest zu den Bohnen geben. Mit Estragonsenf, Rauchsalz und Pfeffer abschmecken.

Diese Masse nun mit den Semmelbröseln und dem Ei vermengen und daraus handtellergroße Steaks formen. Einen ungelochten Garbehälter mit 2 EL Olivenöl ausstreichen und die Steaks darauflegen.

Für die Brotkruste den Bergkäse reiben, mit der weichen Butter und den Vollkornbröseln zu einem Teig kneten. Diesen auf die Steaks aufteilen und fest andrücken.

Im DG bei 100° C 18 Minuten dämpfen.

Dazu passen beispielsweise Sauerkraut oder Rotkraut, aber auch Gemüse nach Wahl.

500 g Kidneybohnen (gekocht)
1 Zwiebel
2 Knoblauchzehen
4 EL Olivenöl
2 Wacholderbeeren
1 Lorbeerblatt
1 TL Estragonsenf
1 TL Rauchsalz
Pfeffer
80 g Semmelbrösel
1 Ei

100 g Vollkornbrösel
50 g weiche Butter
30 g Bergkäse

Kalt genossen ist dieses Steak gemeinsam mit Butter, Sauergemüse und Käse die ideale „Brettljause" vegetarischer Natur!

*Salz wird zu **Rauchsalz**, indem es drei bis vier Tage in einer Räucherkammer kalt geräuchert wird. Es nimmt den typischen Rauchgeschmack auf und gibt ihn an die gewürzte Speise wieder ab.*

Grünkern-Bratapfel-Medaillons

Auch für Veganer!

Zubereitungszeit: ca. 45 Minuten
Garzeit: 15 Minuten

Grünkern ist ein in Milchreife über Buchenholzfeuer getrockneter Dinkel. Das bringt ihm den eigentümlich-rauchigen Whiskeygeschmack. In Kombination mit Bratapfel und Maroni erinnert dieses Gericht an die gebratene Gans. Überraschen Sie mit diesem Gericht Ihre Gäste, weil es gut vorzubereiten und der Geschmack unwiderstehlich ist.

Den Grünkernschrot kalt abspülen und in eine ungelochte Garschale geben. Mit 400 ml Gemüsebrühe auffüllen und im DG bei 100° C 15 Minuten dämpfen.

Das Backrohr auf 220° C Ober-/Unterhitze stellen. Die Äpfel entkernen, auf ein mit Backpapier ausgelegtes Blech geben und im Backrohr 20 Minuten backen. Aus dem DG nehmen, etwas abkühlen lassen und das so entstandene „Bratapfelmus" auskratzen.

Den überkühlten Grünkern mit dem Maronipüree und dem Bratapfelmus vermengen und mit Majoran, Salz und Pfeffer würzen. Das Glutenmehl untermischen und alles zu einer homogenen Masse verarbeiten. Daraus mit nassen Händen kleine Medaillons formen. Ein ungelochtes Garblech mit Olivenöl ausstreichen und die Medaillons im DG bei 100° C 15 Minuten dämpfen.

Als Beilage empfehlen wir Apfelrotkraut! Das Rezept dazu finden Sie in unserem Buch „Das 1 x 1 des Dampfgarens" auf Seite 18.

200 g Grünkernschrot
400 ml Gemüsebrühe
2 Äpfel (säuerlich)
80 g Maronipüree
60 g Glutenmehl
2 EL Olivenöl
1 TL Majoran
½ TL Salz
Pfeffer

*Dämpfen Sie eingeschnittene **Maroni** im DG bei 100° C 30 Minuten. Der Dampfgarer bietet den Vorteil, dass Maroni leicht weiterverarbeitbar (Maronipüree) und leicht schälbar sind, sowie ihren typischen Eigengeschmack behalten. Fertig gedämpfte Maroni gibt es aber auch vakuumverpackt zu kaufen.*

Tofu aus dem Rotweinsud

Zubereitungszeit am Vortag: ca. 5 Minuten
Zubereitungszeit am Verzehrtag: ca. 25 Minuten
Garzeit: 30 Minuten

Tofu ist fermentierter, gepresster Sojatopfen und geschmacksarm. Aus diesem Grund ist er in der Küche vielseitig einsetzbar. Im folgenden Rezept spielt er die Hauptrolle als Sonntagsbraten und erinnert – arrangiert mit den anderen Zutaten – an einen Rindsbraten. Ehemalige Fleischtiger mögen hier an Omas Sonntagsessen denken.

Den Tofu am Vortag auf den Rost des DG legen. Darunter ein ungelochtes Garblech zum Auffangen der Flüssigkeit setzen. Den Tofu mit einem Schneidebrett und einem Kochtopf beschweren und über Nacht stehen lassen.

Am Tag des Verzehrs Karotten, Gelbe Rüben, Sellerie und Zwiebel schälen und in grobe Würfel schneiden. Den entwässerten Tofu beidseitig mit Senf einstreichen und mit Salz, Pfeffer und Majoran würzen.

In einem Topf Olivenöl erhitzen und den Tofu darin auf allen Seiten gut anbraten. Den Tofu herausnehmen und im Bratrückstand zuerst die Zwiebel und dann das restliche Gemüse anschwitzen. Tomatenmark hinzufügen und alles zusammen dunkel anrösten. Jetzt mit dem Rotwein ablöschen und diesen auf die Hälfte reduzieren lassen. Danach die Gemüsebrühe, den Tofu, die Lorbeerblätter und Wacholderbeeren sowie den Teebeutel hinzufügen. Im selben Topf auf dem Gitterrost des DG bei 100° C 30 Minuten dämpfen.

Nach der Garzeit den Tofu herausheben, die Lorbeerblätter, Wacholderbeeren und Teebeutel entfernen und das Gemüse mit dem Saft mithilfe des Stabmixers pürieren. Nochmals mit Salz und Pfeffer abschmecken.

Den Tofu in Scheiben schneiden und mit dem Gemüsesaft anrichten.

Dazu passen Polenta-Sauerrahm-Medaillons. Das Rezept dazu finden Sie in unserem Buch „Das 1 x 1 des Dampfgarens" auf Seite 55.

800 g Tofu natur in Blockform
100 g Karotten
100 g Gelbe Rüben
50 g Sellerie
1 Zwiebel
1 EL Senf (mittelscharf)
Salz
Pfeffer
½ TL Majoran
2 EL Olivenöl
2 EL Tomatenmark
125 ml Rotwein (z. B. Burgunder) bzw. veganer Wein
200 ml Gemüsebrühe
2 Lorbeerblätter
5 Wacholderbeeren
1 Beutel Kräutertee

Wenn Sie die Lorbeerblätter und Wacholderbeeren in einen Teefilter oder ein Tee-Ei einfüllen, sparen Sie sich das lästige Herausfischen aus dem Saft.

Seitan nach Schweinsbratenart

Auch für Veganer!

Zubereitungszeit: ca. 15 Minuten
Garzeit: 20 Minuten

Seitan ist ein Produkt aus Weizeneiweiß (Gluten) mit fleischähnlicher Konsistenz. Seitan wurde ursprünglich von Zen-Buddhisten entwickelt und anstelle von Hühner- und Schweinefleisch verwendet. Hier wird Seitan wie Schweinsbraten verarbeitet und erinnert stark an das Original.

Aus Salz, Pfeffer, Brotgewürz oder Kümmel, Majoran und Thymian sowie Glutenmehl eine Mischung herstellen. Die Zwiebel grob schneiden. Die Knoblauchzehen fein hacken.

Die Seitanschnitzel einseitig mit Wasser bestreichen und mit der nassen Seite in die Gewürzmischung drücken. Den fein gehackten Knoblauch auf die Schnitzel verteilen und mit je einem Lorbeerblatt belegen.

In einem ungelochten Garbehälter die grob geschnittene Zwiebel mit der Gemüsebrühe übergießen. Die Seitanschnitzel mit der Gewürzmischung nach oben in die Zwiebel-Gemüsebrühe legen und im DG bei 100° C 20 Minuten dämpfen.

Dazu passen Semmelknödel. Das Rezept dafür finden Sie in unserem Buch „Das 1 x 1 des Dampfgarens" auf Seite 60.

4 Seitanschnitzel à ca. 150 g
1 TL Salz
Pfeffer
½ Brotgewürz oder Kümmel
½ TL Majoran
½ TL Thymian
20 g Glutenmehl
1 Zwiebel
2 Knoblauchzehen
4 Lorbeerblätter
200 ml Gemüsebrühe

Buchweizen-Champignon-Strudel

Auch für Veganer!

Zubereitungszeit: ca. 40 Minuten
Garzeit zur Fertigstellung: 15 Minuten

Der Buchweizen als Knöterichgewächs gilt als wertvolles Nahrungsmittel mit reichlich Eiweiß und Stärke und ist leicht verdaulich. Buchweizen ist ein glutenfreies Pseudogetreide und deshalb ungeeignet zum Brotbacken. In unserem Rezept spielt er als Geschmacksträger die Hauptrolle und findet mit den Champignons ideale Gefährten für ein Strudelgericht der Extraklasse.

Den Buchweizen abspülen und gemeinsam mit der Gemüsebrühe in einem ungelochten Garbehälter im DG bei 100° C 25 Minuten dämpfen.

Die Champignons putzen, die Zwiebel schälen und beides fein hacken. In einer Pfanne 40 g Butter erhitzen, die Zwiebel glasig anschwitzen, die Champignons dazugeben und so lange braten, bis das ausgetretene Wasser verdampft ist. Petersilie, Thymian, Salz und Pfeffer beigeben und mit Weißwein ablöschen. Den Wein gänzlich einkochen (reduzieren) lassen und die Champignonmasse kühl stellen.

Den Buchweizen aus dem DG nehmen, abkühlen lassen und mit der Champignonmasse und dem Buchweizenmehl vermengen, sodass eine homogene Masse entsteht.

Die restliche Butter in einer Pfanne erwärmen.

Währenddessen ein Strudelteigblatt auf ein trockenes Küchentuch legen und mit der flüssigen Butter bestreichen. Ein zweites Strudelteigblatt darauflegen. Ein Viertel der Buchweizen-Champignon-Masse im unteren Drittel aufstreichen, die Seitenteile einschlagen und mithilfe des Küchentuches zu einem Strudel rollen. Mit allen weiteren Strudelteigblättern so verfahren.

Ein gelochtes Garblech mit Olivenöl ausstreichen und die Strudel darauflegen. Im DG bei 100° C 15 Minuten dämpfen.

Mit flüssiger Butter untergießen, dazu Salat reichen oder mit Rahmgemüse servieren.

2 Pkg. Strudelteig (= 8 Blätter)
200 g Buchweizen
400 ml Gemüsebrühe
200 g Champignons
1 Zwiebel
2 EL frische Petersilie, gehackt
80 g Butter (vegan: Margarine)
¼ TL Thymian
Salz
Pfeffer
3 EL Weißwein
80 g Buchweizenmehl
2 EL Olivenöl

Dinkel-Spinat-Braten

Auch für Veganer!

Zubereitungszeit: ca. 30 Minuten
Garzeit: 20 Minuten

Der Dinkel ist eng verwandt mit dem heutigen Weizen und prinzipiell leichter verträglich. Liebhaber von Speisen mit Biss wissen den Dinkel als ganzes Korn und dessen nussige Note zu schätzen. Der Dinkel ist anpassungsfähig und deshalb ein guter Partner für vielerlei Gemüse, Kräuter und Gewürze. In diesem Rezept übernimmt der Spinat das Kommando. Der Dinkel gibt ihm den notwendigen Halt! Erinnert fast an die Zutaten einer Ehe ....

Den Blattspinat antauen lassen, klein schneiden und ausdrücken.
Den Dinkelschrot in einen ungelochten Garbehälter geben und mit 400 ml Gemüsebrühe aufgießen. Im DG bei 100° C 15 Minuten dämpfen. Danach aus dem DG nehmen und abkühlen lassen.

Den Tofu mit 100 ml Gemüsebrühe, Knoblauchzehen, Salz, Pfeffer und Majoran fein mixen. Den Blattspinat, das Glutenmehl und den Dinkelschrot dazugeben und gut vermengen. Mit nassen Händen eine längliche runde Rolle formen und auf ein mit Olivenöl ausgestrichenes ungelochtes Garblech legen. Im DG bei 100° C 20 Minuten dämpfen.

In Scheiben geschnitten anrichten.
Dazu passt besonders gut das Wokgemüse von Seite 108.

200 g Blattspinat (TK)
200 g Dinkelschrot
500 ml Gemüsebrühe
100 g Tofu
2 Knoblauchzehen, geschält
Salz
Pfeffer
¼ TL Majoran
40 g Glutenmehl
2 EL Olivenöl

Sollte vom Braten unerwarteterweise etwas übrig bleiben, schneiden Sie ihn in Scheiben, legen diese in einen ungelochten Garbehälter und gießen zwei verschlagene Eier darüber. Salzen und pfeffern und im DG bei 100° C 10 Minuten dämpfen.

Dicke Bohnen mit Räuchertofu

Zubereitungszeit am Vortag: ca. 5 Minuten
Zubereitungs- und Garzeit am Verzehrtag: ca. 40 Minuten

Wer den rauchigen Geschmack vom Räuchertofu mag, wird dieses Gericht lieben. Dicke Bohnen, auch Ackerbohnen oder Saubohnen genannt, werden dadurch gekonnt in Szene gesetzt. Und das Arrangement wird Ihnen hoffentlich ein Lächeln auf die Lippen zaubern.

Die Bohnen ca. 8 Stunden einweichen, dann abseihen und das Einweichwasser wegschütten. Nochmals abspülen, in einen ungelochten Garbehälter geben und mit 600 ml Wasser aufgießen. Im DG bei 100° C 35 Minuten dämpfen.

Währenddessen den Räuchertofu in kleine Stücke brechen und mit der Gemüsebrühe fein mixen. Die Mischung in einem Topf aufkochen, mit Salz und Pfeffer würzen und mit Crème fraîche verfeinern.

Die Bohnen aus dem DG nehmen, abseihen und heiß in den Räuchertofumix geben.

Dazu passen Schwarzbrot oder Kartoffeln.

200 g Dicke oder weiße Bohnen
600 ml Wasser
200 g Räuchertofu
200 ml Gemüsebrühe
Salz
Pfeffer
200 ml Crème fraîche (vegan: Sojajoghurt)

Veggie-Wild

Auch für Veganer!

Super zum Vorbereiten!

Das Veggie-Wild am besten über Nacht oder einige Stunden in Alufolie gewickelt im Kühlschrank ruhen lassen.

Zubereitungszeit: ca. 25 Minuten
Garzeit: 40 Minuten

Hier haben wir ein „unlösbares" Problem gelöst und damit beinahe die Quadratur des Kreises geschafft! Entstanden ist nämlich eine Alternative zu Wildgerichten, die durch und durch vegetarisch und auch vegan ist. Mit einem Wort: exklusive Hausmannskost für den exklusiven Geschmack.

Die Zwiebel schälen und fein würfeln. Die Zwiebelschalen aufbewahren. In einem Topf 2 EL Olivenöl erhitzen und die Zwiebel darin glasig anschwitzen. Das Tomatenmark dazugeben und gut mitrösten. Nun mit dem Rotwein ablöschen, etwas reduzieren lassen und mit der Gemüsebrühe aufgießen. Die Gewürze mit der Zwiebelschale zugeben und 10 Minuten ziehen lassen. Danach abseihen.

Den Tofu mit der Hand zerbröseln, in einen Standmixer geben und mit dem Kräuter-Gewürzsud, 4 EL Olivenöl und dem Salz mixen. Das Glutenmehl in eine Schüssel geben und mit dem Tofu-Mix zu Teig kneten. Mit nassen Händen eine 4 cm dicke Rolle formen und diese locker mit Alufolie umwickeln (der Teig geht noch auf). Jetzt das Veggie-Wild auf ein gelochtes Garblech geben und im DG bei 100° C 40 Minuten dämpfen.

Den DG ausschalten, das Veggie-Wild in der Alufolie im DG noch 10 Minuten rasten lassen. Danach in Scheiben schneiden und mit Preiselbeermarmelade servieren.

Der einzigartige Geschmack dieses Gerichtes ist ausschließlich über die eigens abgestimmte Gewürzkomposition möglich. Das Besorgen der Zutaten und die Liebe zur Zubereitung lohnen sich!

FÜR CA. 600 G VEGGIE-WILD
400 g Tofu natur
180 g Glutenmehl
300 ml Gemüsebrühe
1 Zwiebel
6 EL Olivenöl
1 TL Tomatenmark
4 EL Rotwein
½ TL Salz
Alufolie

GEWÜRZE
2 Lorbeerblätter
¼ TL Majoran
¼ TL Thymian
50 g Bioheu
5 Kamillenblüten (oder 1 Beutel Kamillentee)
¼ TL Schafgarbe
1 Msp. Schabzigerklee, gemahlen
4 Wacholderbeeren
4 Pfefferkörner schwarz

1 EL Preiselbeermarmelade als Garnitur

Veggie-Wild
mit Cassisnüssen

Auch für Veganer!

Zubereitungs- und Garzeit: ca. 15 Minuten

Gleich eines vorweg: Derlei genussvolle Gerichte sind absolut nichts für Kalorienzähler. Das heißt, wir wenden uns hier an Feinschmecker und Nach-dem-Besonderen-Suchende, denn genau für sie haben wir diese nach Wild, Nuss und Schwarzen Johannisbeeren schmeckende Komposition kreiert. Man hat schließlich nicht weniger als das Beste verdient!

Das fertig gegarte Veggie-Wild in 12 gleichmäßige Medaillons schneiden. Diese auf ein mit Olivenöl ausgestrichenes ungelochtes Garblech legen und im DG bei 100° C 10 Minuten dämpfen.

In der Zwischenzeit den Zucker in einer Pfanne vorsichtig bräunen (karamellisieren), die Walnüsse hinzufügen, mit Cassis und Wasser ablöschen und etwas reduzieren lassen.

Die Walnüsse aus dem Karamell entfernen und die Flüssigkeit warmhalten.

Das Veggie-Wild aus dem DG nehmen, auf Tellern anrichten, mit den Nüssen belegen und mit der Cassisreduktion beträufeln.

Dazu passen in Butter (oder in Margarine) gebratene Eierschwammerl und Salat.

600 g Veggie-Wild
2 EL Olivenöl
80 g brauner Zucker
200 g ganze Walnusskerne
5 EL Cassis
60 ml Wasser

Nepalesische Momos

Auch für Veganer!

Zubereitungszeit: ca. 45 Minuten
Garzeit: 15 Minuten

Hausmannskost gibt es auch in Tibet. Dazu zählen etwa die begehrten Momos: es handelt sich um Teigtaschen mit den unterschiedlichsten Füllungen, die dort so geschätzt werden wie hierzulande die gefüllten Nudeln. Der Anblick mag auch ein wenig an die in der Kärntner Küche heiß geliebten Käsnudeln erinnern! Also ein Alltags- und Traditionsgericht mit Beliebtheitswert bei Groß und Klein.

Für den Teig das Mehl in eine Schüssel geben und salzen. Das Wasser langsam zum Mehl geben und dabei ständig kneten, bis ein elastischer Teig entstanden ist. Den Teig zu einer Kugel formen und in Frischhaltefolie gewickelt bei Raumtemperatur rasten lassen.

In der Zwischenzeit den Lupinenschrot in eine Schüssel geben, die Gemüsebrühe erhitzen und den Schrot damit übergießen. Beiseite stellen. Jetzt Zwiebel, Knoblauch und Ingwer schälen und alles in feine Würfel schneiden. In einer Pfanne 2 EL Olivenöl erhitzen und die Zwiebel darin glasig anschwitzen. Den Knoblauch und den Ingwer zugeben. Nun das Garam Masala mitrösten und mit der Sojasauce ablöschen. Den überkühlten Lupinenschrot dazugeben, die Masse mit Salz abschmecken und den gehackten Koriander unterrühren. Abkühlen lassen.

Währenddessen den Teig nochmals durchkneten und zu einer ca. 4 cm dicken Rolle formen. 2 cm breite Stücke von der Rolle abschneiden und mithilfe eines Nudelholzes auf einer bemehlten Arbeitsfläche rund (ca. 10 cm ø) und ca. 1,5 mm dünn auswalken. Arbeitsfläche wieder bemehlen und die Teigkreise auflegen. Jetzt mit einem Esslöffel etwas Füllung in die Teigmitte legen und den Teig nach oben hin mittig zusammenfassen, etwas andrücken, damit die Luft entweicht und dann zu einem „Bonbon" eindrehen.

Nun ein gelochtes Garblech mit den restlichen 2 EL Olivenöl ausstreichen, die Momos daraufsetzen und im DG bei 100° C 15 Minuten dämpfen.

Momos schmecken hervorragend mit zerlassener Butter und Salat und besonders gut zu süßsauren Saucen.

TEIG
500 g Dinkelmehl glatt
¼ Wasser lauwarm
1 Msp. Salz

FÜLLUNG
250 g Lupinenschrot (oder Dinkelschrot)
500 ml Gemüsebrühe
3 rote Zwiebeln
3 Knoblauchzehen
30 g Ingwer (ca. 3 cm)
4 EL Olivenöl
4 TL Garam Masala
1 TL Sojasauce
¼ TL Salz
½ Bd. Koriander (oder Petersilie), frisch

*Die Gewürzmischung **Garam Masala** kann man als fertige Mischung kaufen. Oder selbst herstellen. Dazu vermischen Sie:*
¼ TL Zimt, gemahlen
¼ TL Nelken, gemahlen
1 Lorbeerblatt, gemörsert
¼ TL Kardamom, gemahlen
1 Msp. geriebene Muskatnuss
1 Msp. Kreuzkümmel

Vegetarisch für Naschkatzen

Buchteln mit Karamell-Heidelbeeren

Als Hauptspeise!

Zubereitungszeit: ca. 100 Minuten
Garzeit: 40 Minuten

Was für ein flaumiger Hochgenuss! Hätten die Griechen dieses Gericht erfunden, wäre es mit Sicherheit ein Synonym für „Götterspeise"! Doch so heften wir uns diese göttlichen Buchteln auf die Fahnen und erheben sie zur Leibspeise!

Die Milch in einem Topf handwarm erwärmen und Salz, Zucker, Vanillezucker, Cassis, abgeriebene Zitronenschale und Butter hinzufügen. Ei und Eidotter verrühren und ebenfalls dazugeben.

Nun die Milchmischung in einer Küchenmaschine mit Mehl und Trockengerm bzw. frischer Germ zu einem glatten Teig verkneten. Den Teig mit einem Geschirrtuch zudecken und an einem warmen Ort 30 Minuten gehen lassen. Danach den Teig durchkneten und weitere 30 Minuten gehen lassen.
Jetzt den Germteig nochmals kurz durchkneten und zu einer 5 cm dicken Rolle formen. Von der Rolle gleichmäßige Teile abstechen und mit dem Handballen zu Kugeln schleifen.

Ein Backpapier auf ein gelochtes Garblech geben und mit einer Schere Löcher in das Papier machen. Das Papier mit Olivenöl bestreichen und die Germteigkugeln mit etwas Abstand zueinander daraufsetzen. Weitere 10 Minuten zugedeckt gehen lassen.
Danach die Buchteln im DG bei 95° C 40 Minuten dämpfen.

Fünf Minuten vor Garzeitende der Buchteln die Heidelbeeren waschen und auf Küchenpapier zum Antrocknen auflegen.
In einer beschichteten Pfanne den braunen Zucker zu hellbraunem Karamell schmelzen lassen und mit Cassis und Wasser ablöschen. Unter Rühren den Karamell auflösen und etwas reduzieren lassen. Nun die Heidelbeeren darin schwenken und warmhalten.

Die Buchteln aus dem DG nehmen, auf die Teller verteilen und mit den karamellisierten Heidelbeeren anrichten.

Hier können Sie entweder Universalmehl Type 480 oder glattes Mehl Type 700 verwenden. Der Unterschied liegt im Ausmahlgrad: je höher die Typenzahl, desto feiner das Mehl. Für besonders flaumige Ergebnisse sorgt die höhere Typenzahl.

250 g weißes Dinkel-Kuchenmehl
   Type 700
100 ml Milch
1 Msp. Salz
30 g Zucker
1 Pkg. (8 g) Bourbon-Vanillezucker
4 EL Cassis
1 Zitrone (Schale)
50 g Butter
1 Ei
3 Eidotter
1 Pkg. Trockengerm
   oder 21 g frische Germ
2 EL Olivenöl
Backpapier

300 g Heidelbeeren
80 g brauner Zucker
3 EL Cassis
6 EL Wasser

Die Milch ist dann handwarm, wenn Sie mit dem Finger in die erwärmte Milch tauchen und dabei keinen Temperaturunterschied feststellen.

Sollten unerwarteterweise Buchteln übrig bleiben, am nächsten Tag mit Heidelbeermarmelade verzehren!

Milchreis mit frischen Früchten

Zubereitungs- und Garzeit: 35 Minuten

Milchreis ist Ihnen vielleicht aus Kinderzeiten nur zu gut bekannt ... Des einen Freud, des anderen Leid. Aber versprochen: Ihr Dampfgargerät wird diesem Gericht Ungeahntes entlocken und Ihnen das Erstaunen darüber, was der einstmalige Einheitsbrei alles kann. Ein herrlich cremiges Ergebnis mit Erinnerungspotenzial im positiven Sinn!

Von der Zitrone die Schale abreiben, den Saft der Zitrone auspressen und beiseite stellen. Die Milch mit dem Salz in einen ungelochten Garbehälter füllen. Das Vanillemark aus der Schote auskratzen und mit dem Reis und dem Zitronenabrieb in die Milch einrühren. Im DG bei 95° C 25 Minuten dämpfen.

Währenddessen die Früchte waschen, wenn nötig, in kleinere Stücke zerteilen und in eine Schüssel geben. Den Staubzucker mit dem Zitronensaft verrühren, das Obst damit marinieren und zur Seite stellen.

Den Milchreis aus dem DG nehmen und ausdämpfen lassen: so wird der Milchreis besonders cremig. Das Obers steif schlagen und unter den Milchreis heben. Mit den Früchten anrichten und mit Zitronenmelisse garnieren.

250 g Rundkornreis
400 g frische Früchte nach Wahl
(z. B. Heidelbeeren, Himbeeren,
   Erdbeeren, Mango)
1 Zitrone (Schale + Saft)
1 l Milch
1 Msp. Salz
1 Vanilleschote
3 EL Staubzucker
200 ml Schlagobers
2 Zweige Zitronenmelisse (wenn
   vorhanden)

Gedämpfte Apfelstrudeltorte

Als Hauptspeise oder zum Dessert!

Für eine Tortenform mit 26 cm Ø
Zubereitungszeit: ca. 35 Minuten
Garzeit: 35 Minuten

Schon in der Schule haben wir das alte englische Sprichwort gelernt: „An apple a day keeps the doctor away." Äpfel sind durch ihren hohen Anteil an Trauben- und Fruchtzucker wahre Energiebooster. Und Vitamin C, Folsäure, Mineralstoffe und Spurenelemente machen sie zu richtigen Vitaminbomben. In Form unserer Apfelstrudeltorte sind die Äpfel nicht nur Gaumenkitzel, sondern auch als Hauptgericht für süße Schleckermäuler zu empfehlen. Oder Sie gönnen sich die Torte als krönenden Abschluss.

Die gewaschenen Rosinen mit dem Rum vermengen und bis zum Gebrauch ziehen lassen. Die Äpfel schälen, das Kerngehäuse entfernen, blättrig schneiden. Sofort mit dem Zitronensaft beträufeln und mit den Rosinen samt Rum sowie mit Zucker, Vanillezucker, Walnüssen, Zimt und Salz vermischen.

Nun 70 g Butter erwärmen und die Semmelbrösel darin goldgelb anrösten. Jetzt die restlichen 60 g Butter erwärmen und mit einem Teil davon die Tortenform ausstreichen.

Ein Strudelblatt auf ein trockenes Küchentuch legen, mit der flüssigen Butter bestreichen, ein zweites Strudelblatt darauflegen und glatt streichen. Jetzt auf das untere Drittel zuerst die Butterbrösel streuen, dann die Apfelmasse darauf verteilen. Den Strudelteig seitlich einschlagen und mithilfe des Küchentuches einrollen. Nun den Strudel schneckenförmig in die vorbereitete Tortenform einlegen.

Den Vorgang mit dem zweiten Strudel wiederholen, ebenso schneckenförmig eindrehen, und daneben, aber entgegengesetzt (wie „Yin Yang") in die Tortenform einlegen.

Im DG bei 100° C 35 Minuten dämpfen.

Die Apfelstrudeltorte etwas überkühlen lassen, dann mit Staubzucker bestreut servieren.

1 Pkg. Strudelteig (= 4 Blätter Strudelteig)
750 g Äpfel (säuerlich)
50 g Rosinen
2 EL Rum
1 Zitrone (Saft)
60 g Kristallzucker
1 Pkg. Bourbon-Vanillezucker
50 g Walnüsse, gerieben
1 EL Zimt, gemahlen
1 Msp. Salz
130 g Butter
80 g Semmelbrösel
Staubzucker zum Bestreuen

Briocheauflauf

Als Hauptspeise!

Zubereitungszeit: 45 Minuten
Garzeit: 40 Minuten

Dieser feine Auflauf erinnert an Tage bei Oma! Am Gaumen wunderbar zart, mit einem Geschmack ... zum Niederknien gut. Dazu möglichst viel Vanillesauce und schon ist die Kindheit in die Gegenwart gerückt. Ein Gericht, mit dem Sie nun Ihre Lieben beschenken können!

Von der Orange Zesten reißen. In einem Topf den Rotwein erwärmen und darin die Orangenzesten 10 Minuten kochen. Danach die Preiselbeermarmelade dazugeben, gut durchrühren und ein Mal aufkochen lassen. Die Briochescheiben mit 60 g Butter und der überkühlten Preiselbeermarmelade bestreichen.

Einen ungelochten Garbehälter mit 20 g Butter ausstreichen und die bestrichenen Briochescheiben überlappend einlegen.

In einem Topf Schlagobers, Milch, Staubzucker und das ausgekratzte Mark der Vanilleschote gut verrühren und erwärmen (nicht aufkochen lassen!). Die Schlagobersmilch sollte eine Temperatur von ca. 90° C haben.
Danach die Eier versprudeln, zur erwärmten Milch geben und mit einem Schneebesen gut verrühren. Die Eiermilch über die Briochescheiben gießen und etwa 10 Minuten einziehen lassen.

Den Auflauf im DG bei 100° C 40 Minuten dämpfen. Kurz überkühlen lassen und portionsweise anrichten.

Köstlich dazu ist Vanillesauce!

6 Scheiben Butterbrioche
1 Orange (Schale)
5 EL Rotwein
400 g Preiselbeermarmelade
80 g Butter, weich
250 ml Schlagobers
250 ml Milch
125 g Staubzucker
1 Vanilleschote
3 Eier

Die Schlagobersmilch nicht aufkochen lassen! Die danach zugefügten Eier stocken bei zu hoher Temperatur.

Chai-Latte-Couscous mit Feigen

Als Hauptspeise oder zum Dessert!

Zubereitungs- und Garzeit: ca. 20 Minuten

Caffè Latte war gestern. Chai Latte ist heute! Der „Chai" steht in zahlreichen östlichen Ländern einfach für „Tee" und entstammt der ayurvedischen Gesundheitslehre. Diese Form des Tees – mit Gewürzen, Milch und Zucker verfeinert – hat es in sich und längst auch unsere Herzen erobert. Das feine Aroma des Chai und seine dezente Süße zaubern einen exotischen Geschmack in unser verführerisches Couscous-Gericht. Die Geschmacksnerven werden vor Freude hüpfen!

Couscous, Gemüsebrühe, Honig, Salz, Mark der Vanilleschote sowie die Teebeutel in eine ungelochte Garschale geben und im DG bei 100° C 10 Minuten dämpfen.

Danach die Teebeutel entfernen.

Währenddessen die Feigen waschen und in Scheiben schneiden. Die Sojamilch mithilfe eines Milchschäumers kräftig aufschäumen. Den gegarten Coucous mit der halben Menge der aufgeschäumten Sojamilch vermischen und in vier Teegläser füllen. Mit den Feigenstücken belegen. Zum Schluss die restliche Sojamilch darüber verteilen.

300 g Couscous
500 ml Gemüsebrühe
2 EL Honig
1 Msp. Salz
1 Vanilleschote
2 Teebeutel Chai (Indischer Gewürztee)
4 frische Feigen
200 ml Bio-Sojamilch

Mohnknödel mit Preiselbeerkompott

Als Hauptspeise oder zum Dessert!

Super zum Vorbereiten!

Zubereitungszeit: ca. 50 Minuten
Garzeit: 10 Minuten

Eine süße Verführung der Sonderklasse! Wir lieben diese Knödel aufgrund ihrer Vielseitigkeit, sind sie doch sehr anpassungs-fähig. Ob Sie nun als Begleiter einen Fruchtspiegel oder eine Schokoladensauce wählen – die Mohnknödel passen zu praktisch allem. Und: sie sind super einfach und schnell gemacht! Auch für Ihre Gäste ein Highlight.

Die Milch mit Mohn, Zucker und Zimt in einen ungelochten Garbehälter geben und im DG bei 95° C 5 Minuten dämpfen.

Dann Dinkelgrieß, Topfen, Ei, Vanillezucker, Zitronenzesten und Salz in die Milch einrühren. Die Masse zugedeckt für 30 Minuten kühl stellen.

Die Butter in einem Topf erwärmen und einen ungelochten Garbehälter aus-streichen. Mit nassen Händen aus der Masse Knödel formen und in den Gar-behälter legen. Im DG bei 100° C 10 Minuten dämpfen.

Währenddessen das Preiselbeerkompott auf Teller verteilen. Die Mohnknödel aus dem DG nehmen, mit Staubzucker bestreuen und dazu anrichten.

30 g Blaumohn, gemahlen
80 g Dinkelgrieß
250 g Topfen
125 ml Milch
1 EL brauner Zucker
1 Msp. Zimt
1 Ei
½ Pkg. Bourbon-Vanillezucker
1 Zitrone (Schale)
1 Msp. Salz
50 g Butter
200 g Preiselbeerkompott zum Garnieren
Staubzucker zum Bestreuen

Sollte die Knödelmasse zu weich sein, mischen Sie einen oder zwei Esslöffel Semmelbrösel darunter.

Ricotta-Tarte

Für eine Tarteform mit 26 cm Ø
Zubereitungszeit: ca. 35 Minuten
Garzeit: 60 Minuten

Ricotta ist der Topfen der Italiener. Sobald statt Topfen Ricotta in ein Gericht kommt, schmeckt es automatisch „südlicher" – zumindest kommt es uns so vor! Diese Ricotta-Tarte ist wunderbar cremig und dient als einmal anders gearteter Tortenboden für frische Früchte. Übrigens: Die Tarte ist an richtig süßen Tagen auch eine ideale Hauptspeise. Jawohl!

Frische Pfirsiche waschen und auf ein gelochtes Garblech geben. Im DG bei 100° C 3 Minuten blanchieren. Danach sofort kalt abschrecken, entsteinen und die Haut abziehen.

Jetzt die Pfirsiche in Spalten schneiden und erneut auf einem gelochten Garblech im DG bei 100° C 15 Minuten dämpfen. Die Pfirsiche danach auskühlen lassen.

(Verwendet man Dosenware, entfallen diese Arbeitsschritte).

Eine Tarteform mit Butter ausstreichen und mit Kuchenbröseln bestreuen.

Für die Tartemasse die Zutaten mit einem Kochlöffel verrühren (nicht mixen) und in die Form füllen. Die Pfirsichspalten darauflegen, mit Frischhaltefolie bedecken und im DG bei 100° C 60 Minuten dämpfen.

Mit Staubzucker bestreut servieren.

350 g frische Pfirsiche
2 EL weiche Butter
50 g Kuchen- oder Semmelbrösel

500 g Ricotta
500 g Mascarpone
200 g Zucker
6 Eier
1 Zitrone (Schale)
4 EL Speisestärke
1 EL Rum
1 Msp. Salz

Staubzucker zum Bestreuen

Kuchenbrösel *sind ganz leicht selbst gemacht: Etwa 20 Stück Biskotten in der Küchenmaschine mahlen. Oder die Biskotten in einen Tiefkühlbeutel füllen und mit dem Nudelholz zerdrücken.*

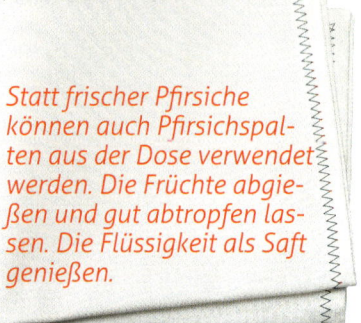

Statt frischer Pfirsiche können auch Pfirsichspalten aus der Dose verwendet werden. Die Früchte abgießen und gut abtropfen lassen. Die Flüssigkeit als Saft genießen.

Café brûlée

Zubereitungszeit: ca. 25 Minuten
Garzeit: 45 Minuten

Die legendäre Crème brûlée ist mittlerweile fix in unserem Süßschnäbel-Gedächtnis verankert. Wir wollten aus der „Tradition" heraus etwas Neues kreieren und schufen so ein köstliches Dessert, abgerundet von feinem Espresso. Die Vorbereitung ist rasch getan, einzig der Garprozess dauert ein wenig. Aber Sie werden dafür belohnt – und, wenn Sie wollen, auch Ihre Gäste!

Die Milch aufkochen und den Espresso dazugeben.

Die Souffléförmchen mit der Butter ausstreichen.

Vanillezucker mit 70 g Zucker und den Eidottern schaumig rühren. Die Pistazien hacken und die halbe Menge unter die Dottermasse mischen. Nun das Schlagobers steif schlagen und mit der Espressomilch in die Dottermasse rühren.

Die Creme in die Förmchen füllen, diese auf ein ungelochtes Garblech geben und im DG bei 95° C 45 Minuten dämpfen. Anschließend kalt stellen.

Vor Verwendung die Creme mit dem restlichen Zucker und den übrigen Pistazien bestreuen und mit dem Flambierbrenner karamellisieren. Sofort servieren.

250 ml Milch
250 ml Schlagobers
1 Espresso
60 g Pistazien
1 EL Bourbon-Vanillezucker
90 g brauner Zucker
5 Eidotter
4 EL Butter, zimmerwarm
4 Souffléförmchen

Grießmedaillons auf Rumbeeren

Zubereitungszeit: ca. 30 Minuten
Garzeit: 15 Minuten

Der Grieß ist in der Küche ein vielseitiges Talent – er eignet sich hervorragend für pikante Speisen, aber natürlich und vor allem für schmackhafte Süßspeisen. Wir empfehlen die Verwendung von Dinkelgrieß, da der leicht nussige Geschmack des Dinkels diesem Dessert (und anderen Gerichten) die besondere Note verleiht. Sie werden sehen: Experimentieren geht über Studieren!

Die Milch mit 50 g Butter, dem ausgekratzten Vanillemark und dem Dinkelgrieß in einen ungelochten Garbehälter geben und im DG bei 100° C 15 Minuten dämpfen.

Aus dem DG nehmen und das Ei sowie die Eidotter unterarbeiten. Nun mit nassen Händen vier gleich große Rollen formen und diese auf ein ungelochtes, mit der restlichen Butter ausgestrichenes Garblech legen. Die Rollen im DG bei 95° C 15 Minuten dämpfen.

In der Zwischenzeit alle Zutaten für die Rumbeeren in einen ungelochten Garbehälter geben und während der letzten 5 Minuten zu den Grießrollen in den DG geben.

Von den fertig gegarten Grießrollen Medaillons schneiden und diese gemeinsam mit den Rumbeeren anrichten.

250 ml Milch
100 g Butter
1 Vanilleschote
90 g Dinkelgrieß
1 Ei
2 Eidotter

250 g frische Beeren (oder TK)
60 g brauner Zucker
1 kleine Zimtstange
1 Msp. Kardamom
1 Msp. Chilipulver
2 EL Rum
125 ml Aroniasaft (oder anderer
   dunkler Fruchtsaft)

Marmoriertes Schokosoufflé mit Soft-Chilikern

Zubereitungszeit: ca. 35 Minuten
Garzeit: 25 Minuten

Die Kunst bei der Zubereitung eines Soufflés ist, dass sich der Teig im Dampfgarer über den Rand der Souffléform erhebt. Wenn das gelingt, hat Ihr Soufflé genau die richtige Größe und eine zarte und lockere Konsistenz. Das durchaus sinnliche Erlebnis wird durch den weichen Kern mit dem Tick Chili noch ein Stück schöner.

Die Zartbitterschokolade in einen ungelochten Garbehälter geben, mit Frischhaltefolie bedecken und im DG bei 90° C 15 Minuten schmelzen lassen.

Danach Zucker, Vanillezucker, Eier und Eidotter schaumig schlagen und den Topfen unterrühren. Das Dinkelmehl mit dem Backpulver vermischen und zur Ei-Topfen-Masse geben.

Die flüssige Schokolade mit einem kleinen Löffel locker unterziehen, sodass ein schöner Marmoreffekt entsteht.

4 Dariolformen mit Butter ausstreichen und mit Semmelbröseln ausstreuen. Nun mithilfe eines Esslöffels Soufflémasse einfüllen und ein Stück Chilischokolade in die Mitte drücken, sodass diese zur Gänze bedeckt ist. Die Dariolformen auf den Gitterrost in den DG stellen und bei 90° C 25 Minuten dämpfen.

Herausnehmen und gleich servieren.

100 g Zartbitterschokolade
60 g Zucker
1 Pkg. (8 g) Bourbon-Vanillezucker
2 Eier
1 Eidotter
100 g Topfen
80 g Dinkelkuchenmehl
1 Msp. Backpulver
2 EL Butter, zimmerwarm
4 EL Semmelbrösel
4 Stk. Chili-Schokolade
Frischhaltefolie
4 Dariolformen (oder Souffléformen)

Sollten Sie dieses Dessert für Gäste vorbereiten wollen, geben Sie die Soufflés in den Dariolformen im ungedämpften Zustand für zumindest 7 bis 8 Stunden in den Tiefkühler. Bei Bedarf direkt aus dem Tiefkühler bei 90° C 30 Minuten im DG dämpfen.

ZU GUTER LETZT – EIN DANKESCHÖN!

Bei der Entstehung dieses Buches begleiteten uns wieder viele Menschen. Dafür möchten wir hier danke sagen!

Zuallererst unseren Familien und im Speziellen unseren Ehepartnern **Mario Kuttnig** und **Annelies Pinteritsch**. Mittlerweile kennen die beiden den Arbeitsweg eines Kochbuches. Trotzdem müssen wir zutiefst danken, vor allem für die ungezählten Momente ihres Verständnisses in der Intensivphase knapp vor Fertigstellung. Mario und Annelies, danke für euren nimmermüden Appetit, Neues auszuprobieren! Und danke vor allem für das Testen des nicht so Gelungenen!

Unseren restlichen Unterstützern wie **Eltern, Schwestern, Kindern, Freunden**: sie alle mussten mit uns sehr geduldig sein. Mit einigen führten wir Gespräche über die Verwendung kreativer Zutaten und haben wohl das eine oder andere Mal genervt. Danke für die Unterstützung. Ihr könnt uns glauben, ihr seid alle auf die eine oder andere Art und Weise in diesem Buch vertreten. Dankbare Küsschen an alle.

Unserer Lektorin **Mag. Nicole Richter**. Du warst wieder ein Segen für uns und bei Fragen immer für uns da! Nicole, danke für diesen fantastischen Job und deinen herzlichen Umgang mit uns!

Dem Fototeam **Jost & Bayer**. Ihr seid uns echt ans Herz gewachsen und versteht euer Handwerk. Gabriela und Günter, danke für die unendliche Geduld und die wunderschönen Fotos. Die Betrachter werden wissen, was wir meinen. Denn das, was wir nicht in Worte fassen konnten, sagen eure Bilder! Danke!

Aufrichtigen Dank an Miele, im Besonderen an **Petra Ummenberger**. Die Firma Miele stellte uns einen Dampfgarer für Koch- und Fotografiezwecke zur Verfügung. Es freut uns enorm, eine so innovative Marke als Partner in unserem Buch dabeizuhaben. Liebe Frau Ummenberger, Sie haben es möglich gemacht. Wir freuen uns auf weitere kreative Momente mit Ihnen und Ihrem Team.

Des Weiteren gilt unser Dank dem **Miele Center Preissegger** in Klagenfurt. Herr Preissegger hat uns seine Ausstellungsküchen für Fotografiezwecke zur Verfügung gestellt. Danke für Ihre Freundlichkeit! Ihr Küchencenter ist in jeder Hinsicht eine Empfehlung wert!

Vielen lieben Dank auch an die **Merkur Versicherung**. Schon zum zweiten Mal unterstützen Sie unser Team. Diesmal mit einem Sponsoring für die zahlreichen Extras, die rund um so ein Projekt anfallen. Wir sind zutiefst zu Dank verpflichtet.

Einen herzlichen Dank auch an **Nicole Cidej**, Inhaberin des Dessange Friseurstudios in Klagenfurt! Sie machte uns mit ihrem handwerklichen Geschick für den Fototermin zurecht. Niki, du hast ein tolles Studio und bist mit deinem Team einzigartig!

Dank gebührt auch unserer fabelhaften Schneiderin **Stefanie Kaiser**. Durch dich und deine Stoffkreationen wurden nicht nur wir, sondern auch einige Details in unserem Buch verschönert. Du bist die Kreativität in Person. Vielen Dank für deine vielen Extrastunden. In dir steckt eben eine „Kaiserin"!

GF Gerhard Preissegger, Klagenfurt
Tel.: 0043 463/55 492 _ www.mielecenter-preissegger.at

DESSANGE PARIS
Studio Klagenfurt, Nicole Cidej
Tel.: 0043/463/511079

Stefanie Kaiser, Villach
Tel.: 0043/699/17191099 _ www.mode-im-hof.at

Alles, was man zum

Dampfgaren

wissen muss!

Friedrich Pinteritsch · Susanne Kuttnig-Urbanz
DAMPFGARBIBEL

304 Seiten, 19,0 x 24,5 cm
Cell. Pappband
€ 29,99 · ISBN: 978-3-85431-685-5

Susanne Kuttnig-Urbanz · Friedrich Pinteritsch
DAS NEUE 1 X 1 DES DAMPFGARENS
Schnell, frisch, schlank

160 Seiten, 22 x 22 cm
Hardcover mit Schutzumschlag
€ 19,99 · ISBN: 978-3-85431-618-3

Susanne Kuttnig-Urbanz · Friedrich Pinteritsch
DAMPFGAREN
Von der Babykost bis zur Lieblingsspeise

156 Seiten, 22 x 22 cm
Hardcover mit Schutzumschlag
€ 19,99 · ISBN: 978-3-85431-570-4

pichler verlag

Vielfalt für jeden Geschmack.

Der Miele Stand-Dampfgarer: Jetzt alle Gerichte von der Vorspeise bis zum Dessert besonders schonend und geschmackvoll zubereiten.